Arno Steguweit
Thomas Zeitler

WASSER!

TRENDSETTER UND STATUSSYMBOL.
DER MINERALWASSER-GUIDE.

Impressum

Bibliografische Information der Deutschen Bibliothek:

Die Deutsche Bibliothek verzeichnet diese Publikation in der Deutschen Nationalbibliografie; detaillierte bibliografische Daten sind im Internet über **http://dnb.ddb.de** abrufbar.

ISBN-10 3-936994-14-5
ISBN-13 978-3-936994-14-8

Gesamtbearbeitung: Angelika Feldwieser
Redaktion: Rainer Weber
Druck: Druckerei Joh. Walch, Augsburg

Für Fragen und Anregungen:
steguweit@rivaverlag.de

Fordern Sie unser Verlagsprogramm an:
vp@rivaverlag.de

riva Verlag
Frundsbergstraße 23, 80634 München
Tel.: 089 4444679-0, Fax: 089 652096
info@rivaverlag.de

www.rivaverlag.de

riva ist ein Imprint der FinanzBuch Verlag GmbH

riva

Ich möchte mich bei allen bedanken, die es geduldig ertragen haben, dass ich so viel Zeit mit Recherche und Schreiben zugebracht habe. Sie haben mir ermöglicht, dieses Buch zu verfassen.

Mein besonderer Dank geht an meine Familie, in erster Linie an Hella und meine Frau Katja, die beide immer wieder viele Seiten Probe und Korrektur lesen mussten, sowie an meinen Freund und Koautor Thomas, ohne den ich dieses Projekt nicht auf die Beine gestellt hätte.

Arno Steguweit

Inhaltsverzeichnis

Vorwort

Vor nicht allzu langer Zeit hätten wir uns noch nicht vorstellen können, dieses Buch zu schreiben. Alles deutete darauf hin, dass die Zeit für einen »Mineralwasser-Guide« noch nicht reif war. Doch dann überschlugen sich die Ereignisse, wobei es vor allem die Medien waren, die das Thema Mineralwasser dankend aufgegriffen, ein gutes Stück mythisiert und letztlich einer breiteren Öffentlichkeit zugänglich gemacht hatten. Für den Wasser-Liebhaber ist diese Entwicklung natürlich wünschenswert und gerechtfertigt, aber ist dieses Thema auch massentauglich? Muss man wirklich mehr wissen über die »natürlichste Sache der Welt«?

Beim Stöbern in gut sortierten Buchhandlungen unter »Kochen & Lifestyle«, in der Rubrik Getränke, findet man reihenweise zielgruppenorientierte Werke über Wein und diverse Spirituosen in allen Variationen. »Schnapsbrennen als Hobby«, »500 rumänische Weine unter 5 Euro«, »Erotische Cocktails mit Niveau«, »Cognacs für Heteros mit schwulen Eigenschaften«, »99 Tricks eine Bierdose zu öffnen«, »Sekt aus Deutschland für den täglichen Genuss, Band 173« – solche und ähnliche Titel sind offenbar bedeutsame Herausforderungen für Liebhaber von Kurzgeschichten. Ob nun massentauglich oder nicht, in diesem alkohollastigen Angebot, das wohlgemerkt global dominiert, stellt ein Buch über Wasser eines in jedem Fall dar: etwas Außergewöhnliches. Und etwas Neues.

Aber war Mineralwasser nicht immer dieser langweilige, kraftlose, angeblich gesunde Durstlöscher? Ein Verzicht, der vom Arzt oder verkehrspolizeilich verordnet wurde? Mit der Zielgruppe Autofahrer, Kalorienzähler, alternative Antialkoholiker, Freizeitsportler und Kinder? Ja, Mineralwasser wurde über Generationen hinweg stiefmütterlich und als alltägliches Opfer zur Flüssigkeitsaufnahme behandelt. Seit ein paar Jahren ist jedoch auch, und vor allem in Deutschland und Österreich, ein neuer Trend zu spüren, der sich besonders bei jungen Menschen manifestiert: Mineralwasser ist zunehmend en vogue geworden – und zwar auf der Überholspur: Der Pro-Kopf-Verbrauch von Mineral- und Heilwasser in Deutschland lag im Jahr 2004 bei 125,2 Liter. Mineralwasser ist damit das beliebteste alkoholfreie Getränk der Deutschen. 1990 lag der Verbrauch noch bei 83 Litern, 1980 bei 40 Litern und 1970 gar nur bei 12,5 Litern.

Eine wahrlich dynamische Entwicklung also. In den Restaurants sind die Zeiten längst vorbei, in denen man sich bei der Bestellung von Mineralwasser den mitleidigen Blick des Kellners einhandelte. Die Biertrinker-

Vorwort

nation verwässert. In Zeiten der Wasser-Renaissance findet auch in der Gastronomie ein Wandel statt: Mit einem minimalistischen Wasserangebot kann man heutzutage den Gast nicht mehr befriedigen. Wer den Trend erkannt hat und etwas auf sich hält, bietet seinen Kunden wenigstens fünf verschiedene Wässer an. Allein durch ein Angebot mit unterschiedlichem Kohlensäuregehalt kann man schon zahlreiche Gäste glücklich machen.

In Restaurants der gehobenen Klasse kommt es sogar immer häufiger vor, dass Sie der Sommelier fragt: »Darf ich Ihnen unsere Wasserkarte bringen?« Da und dort wird schon ein wahrer Kult getrieben und man kredenzt seinen Gästen eine Vielzahl von Wässerchen aus der ganzen Welt. Nach der Lektüre dieses Buches werden Sie in der Lage sein, mit dem Sommelier darüber zu fachsimpeln, ob das italienische Coralba oder das deutsche Peterstaler aus dem Schwabenland besser geeignet ist, Ihr Neugeborenes zufrieden zu stellen. Oder prahlen Sie mit mystischen Geschichten über die einzelnen Quellen der Wässer. Zum Beispiel warum die Veilchenquelle nicht Steinpilzquelle heißt und warum der Zeller See auch Jungfernsee genannt wird. Geben Sie bei der Bestellung einer Flasche Voss so ganz nebenbei Ihr Wissen preis, dass auch Madonna immer ein paar Flaschen dieses »Gletscherwassers« auf dem Tisch hat, oder verraten Sie dem Kellner, wie Sie aromatisierte Wässer selbst herstellen.

Als was kann man dieses Buch nun bezeichnen? Eine Fibel? Ein Guide? Ein kulinarischer Streifzug? Gar ein Lexikon? Eine Spaßlektüre? Eine Anleitung zum täglichen Gebrauch von Wasser? Tipps zum Verführen? Ein Nachschlagewerk? Ein Wasserknigge? Eine späte Hommage an das Naturprodukt Wasser? Es ist wohl von allem etwas, hierbei aber von allem nicht zu viel. Es ist eine ernst gemeinte, eine ernst zu nehmende und in Teilen eine durchaus ernste Lektüre. Aber dennoch soll es Spaß machen, in die Welt des Wassers einzutauchen.

Vor Ihnen liegt ein ehrliches Buch über das Kult- und Trendgetränk Mineralwasser. Vergessen Sie also die schon etwas angestaubte Poesie über Rebsäfte, Getreidebrände und Malzgetränke und werfen Sie einen Blick auf ein neues Zeitalter: das Zeitalter des Wassers.

KAPITEL 1

Welche Bedeutung hat Wasser für uns?

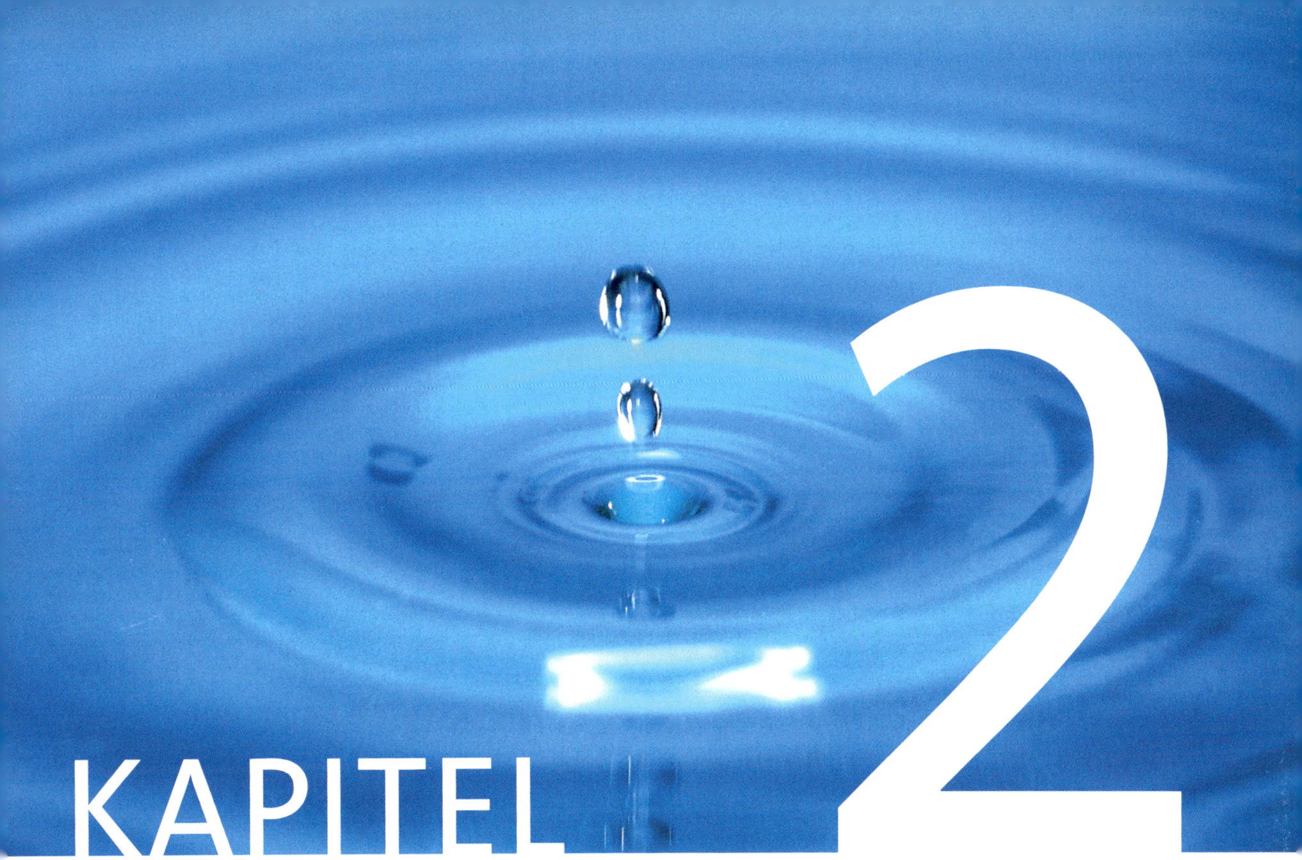

KAPITEL 2

Mythen und Legenden rund ums Wasser

Wasser ist ein ganz besonderer Stoff, »das Blut des Planeten«, wie Leonardo da Vinci treffend das lebenswichtige Elixier beschrieb. Wasser war für die Geschichte unserer Erde der Urstoff allen Lebens. Aus ihm entstand vor Millionen von Jahren das Leben. Vor rund 400 Millionen Jahren krabbelten die ersten Lebewesen aus dem Wasser und erstürmten das Land.

Wasser gilt als Symbol des Lebens, der Lebenskraft, der Erneuerung und der Reinigung. Wasser garantiert das Überleben unserer Materie. Es ist auch ein kulturübergreifendes Symbol für das geistige Dasein und die Fruchtbarkeit des Menschen. In den Weltreligionen ist das Element Wasser oft heilig und heilend, und steht häufig als Symbol für eine geheimnisvolle Lebenskraft. Flüsse und Quellen werden deswegen in den unterschiedlichsten Religionen als heilige Orte angesehen, selbst die jüdische Tradition, die im Allgemeinen die Verherrlichung von Naturphänomenen ablehnt, kennt geheiligte Quellen und Flüsse. Mit Wasser verband der Mensch schon immer Mythisches und Mystisches. In fast allen Kulturen unserer Erde gibt es Götter, die dieses Element bewohnen und auch Dämonen und Geister, die sich dorthin zurückgezogen haben. In unzähligen Mythen und Geschichten spielt Wasser ein zentrale Rolle, allen voran die Sintflut und die Arche Noah.

Der gläubige Anhänger des Hinduismus kann in einer der Puranas (einem heiligen Text) nachlesen, dass Wasser als Ursprung der ganzen Existenz gilt. Auch nach der babylonischen Weltschöpfungsgeschichte Enuma Elish ging die Erde aus einem Wasserchaos hervor. Die Babylonier rechneten nicht nur den Lebewesen, sondern auch den Elementen und Naturgewalten Persönlichkeiten zu, so auch dem Wasser. Hierbei waren das fruchtbare weibliche Salzwasser und das männliche Süßwasser noch in einem gewaltigen Ur-Ozean miteinander vereint, bevor sie sich später teilten.

In der germanischen Religion galten Quellen als heilige Orte, weshalb später auch viele Wallfahrtskirchen über heiligen Quellen gebaut wurden. Legenden berichten von Krankenheilungen durch Quellwasser. So zum Beispiel in Lourdes in den französischen Pyrenäen, wo im Jahre 1858 dem Mädchen Bernadette Soubirous an einer Grotte wiederholt die heilige Maria erschien. Während einer dieser Visionen entsprang urplötzlich aus der Grotte eine Quelle. Der Ort ist seitdem katholische Pilgerstätte vieler Gläubiger und Kranker. Als heiliger Fluss gilt sowohl für Christen als auch für Juden der Jordan im Nahen Osten. Nach dem Neuen Testament wurde Jesus von Johannes dem Täufer im Jordan getauft.

In Indien gibt es sogar sieben heilige Flüsse. Der heiligste dieser Wasserläufe ist zweifelsohne der Ganges. Ein Bad in ihm dient der rituellen Reinigung, und jeder Hindu möchte gerne am Ganges sterben. Der Verehrung dieses Flusses liegt der Mythos von der Flussgöttin Ganga zugrunde: Der Weise Kapila hatte die ungehobelten Söhne des Königs Sagara zu Asche verbrannt. Die als Milchstraße am Himmel fließende Ganga war nötig, um das Totenritual zu vollziehen. Jedoch gelang es erst viele Jahre später Baghirata das Wasser vom Himmel zu holen, ohne dass die herabstürzenden Wassermassen die Erde zerstörten. Hilfe bekam Baghirata nach tausendjähriger Askese vom Gott Shiva, der den Aufprall der Wassermassen mit seinen Haaren bremste.

Auch Waschungen gehören zum Bestandteil vieler Glaubensrichtungen. Man versucht sich dadurch seiner Sünden zu befreien. Als geweihtes Wasser dient es der Übertragung des Segens und der Gnade nicht nur auf Menschen, sondern auch auf Tiere und Gegenstände. Man denke etwa an Taufen, Weihwasser, an rituelle Bäder und Waschungen, wie sie zum Beispiel im Islam eine tragende Rolle spielen.

Die Kelten in Mitteleuropa warfen Münzen und Schmuck in Seen und Flüsse, um den im Wasser lebenden Göttern zu danken. Die griechische Mythologie wiederum betont besonders die Bedeutung des Wassers für die Entstehung des Lebens. Einer der zwölf Titanen war der Meeresgott Okeanos. Mit seiner Schwester und Gattin Tethys zeugte er die Flussgötter und die Nymphen, die über die Meere herrschen, die so genannten Okeaniden, nahezu 4000 an der Zahl. Die beiden haben sich glücklicherweise rechtzeitig getrennt, denn sonst würden sie noch heute Quellen und Flüsse zeugen und schließlich die Welt aus den Angeln heben.

Auch Märchenschreiber griffen das Thema Wasser in ihren Werken immer wieder auf. Zum Beispiel widmeten sich die Gebrüder Grimm in dem Märchen »Das Wasser des Lebens« ganz dem kostbaren Gut, das dort die Kraft besitzt, Todgeweihte zu heilen.

Neben weltbekannten Mythen, Überlieferungen und Märchen gibt es natürlich auch unzählige regionale Geschichten, die sich um das Thema Wasser ranken. Viele kleine Seen und Flüsse vor unserer Haustür und vor allem viele Quellen sind Schauplatz geheimnisvoller Erzählungen.

Auf der Suche nach dem Leben lasst uns zu dem Brunnen gehen...

Einige Beispiele aus Deutschland...

Wilthen im Landkreis Bautzen in Sachsen: Wie einst in der griechischen Mythologie Tantalos, der von den Göttern verstoßen und mit ewigen Qualen gepeinigt wurde, erging es laut sächsischer Legende einer jungen Frau. Heute noch, immer um die Mittagszeit, wandert sie weißgekleidet zur Butterwasser-Quelle, um ihren Durst zu löschen. Doch so oft sie sich auch bückt, um das Wasser mit den Händen zu schöpfen, immer versiegt es im Sand. Die Einheimischen nennen diese Erscheinung »Der ewige Durst«.

Oberes Püttlachtal in der Fränkischen Schweiz in Bayern: Dort liegt die Veilchenquelle. Man sagt, dass zu bestimmten Zeiten des Jahres aus dieser Quelle auch kleine Veilchen hervorsprudeln. Die Veilchen gelten als Symbol für die Klarheit und Reinheit des Wassers und die Unschuld derjenigen, die aus der Quelle trinken. Dieses Wasser soll obendrein vor allem gegen Halsschmerzen helfen.

Heidelberg in Baden-Württemberg: Dort erzählt man sich die Legende vom Zwerg Perkeo. Der wegen seines schlagfertigen Witzes bekannte Zwerg Klemens Perkeo aus Salurn in Südtirol war um 1720 Hofnarr und Kammerherr des Kurfürsten Karl Philipp von der Pfalz. Seine Statue steht heute auf dem Sockel gegenüber dem großen Fass im Heidelberger Schloss. Das große Holz-Weinfass konnte 195 000 Liter aufnehmen. Auf die Frage, ob er das Fass austrinken könne, antwortete der kluge und trinkfeste Zwerg immer mit »perche no?«, auf Deutsch »Warum nicht?«, was ihm den Spitznamen Perkeo einbrachte. Die Legende erzählt, dass er starb, nachdem er einmal statt Wein ein Glas Wasser getrunken hatte (sicherlich kein Mineralwasser!).

...aus Österreich

Globasnitz in Kärnten: Um Ihre Unschuld zu retten sprang der Legende nach ein Mädchen, das von einem Kärntner Burschen verfolgt wurde, in ein Loch, das zu einer Grotte führte. Die heilige Rosalia selbst fing sie auf und geboren war der »Jungfernsprung«. Die Rosaliakapelle ist eine kleine Holzkapelle innerhalb der Grotte. Unter dem Altar entspringt die Rosalienquelle, die kranke Augen heilen soll und früher der Pestabwehr diente.

Matschach, ebenfalls in Kärnten: Hier ist eine gräfliche Jagd überliefert, bei der sich die Jäger verirrten und nahe am Verdursten waren. Der Graf gelobte, dort, wo er eine

Wasserquelle finden würde, eine Kapelle zu bauen. Da lief ein Hirsch vorüber und führte den Grafen zu einer Quelle. Der Graf hielt sein Versprechen und seit dieser Zeit steht dort die St.-Ruperti-Kirche. Das Wasser fließt noch heute frei und wird von der Bevölkerung genutzt.

Hausruckviertel in Oberösterreich: Zwei Schwestern, die eine gut, die andere böse, erbten ein Schloss mit einer Kirche. Die böse Schwester quälte ihre armen Untertanen und wurde deshalb vom Himmel mehrmals unter Androhung von Strafe zur Besserung ermahnt. Doch sie besserte sich nicht. Da geschah es, dass eines Tages ein See zum Vorschein kam und das Schloss mit der Kirche und den beiden Jungfern versank. Es ist der heutige Irrsee (Zeller See), der deshalb auch Jungfernsee genannt wird.

Osterwitz in der Steiermark: Die heilige Maria soll an der Betleiten-Quelle, als es gerade zum Beten läutete, die Windeln gewaschen haben, und darum soll das Wasser auch so angenehm riechen. Wallfahrer laufen deshalb auch gerne barfuß durch das Wasser und hoffen auf schmerzfreie und wohlriechende Füße.

...und aus der Schweiz

Berner Oberland: Auch in der Schweiz haben Wasserquellen den Menschen über Generationen hinweg als Synonym für sprudelnde Lebenskraft gedient. Viele Legenden aus dem Berner Oberland beschreiben die heilende, stärkende und inspirierende Wirkung der Quellwässer. Eine davon berichtet von einem fröhlichen und tüchtigen Bauern aus den Schweizer Bergen. Eines Tages wurde er plötzlich krank und schwach, und seine Lebensfreude war verschwunden. Seine Frau ging da-raufhin in den Wald zum Beten. Da erschien ihr der Zwergkönig des Niesenberges. Der Zwerg gab ihr den Rat, aus einer bisher verborgenen Quelle Wasser zu schöpfen und ihrem kranken Mann zu geben. Der Bauer trank fleißig das Quellwasser und wurde wieder gesund. Seitdem ist der Brunnen im Heustrich am Niesenberg als Heilquelle bekannt.

Zwischen Thuner- und Brienzersee: Als besonders heilkräftig gelten die Wasser der Quell- und Bergbäche, wenn das Eis und der Schnee der Alpen zu schmelzen beginnen und die Umwelt sich erneuert. Gerade in der Gegend zwischen Thuner- und Brienzersee war das Holen des Frühlingswassers an Ostern einst ein schöner Brauch. Man musste am Ostertage vor Sonnenaufgang losziehen und auch vor diesem wieder zuhause sein.

KAPITEL 3

Was ist eigentlich Mineralwasser?

Natürliches Mineralwasser ist so wertvoll, dass es durch nichts zu ersetzen ist!

Natürliches Mineralwasser ist eines der wertvollsten Güter, die wir auf der Erde besitzen. Und es hat einen langen Weg hinter sich, bevor es in Flaschen abgefüllt wird. Regen oder Schnee fällt vom Himmel und trifft auf die Erdoberfläche, dringt in den Boden ein und versickert zum Teil mehrere hundert Meter tief im Untergrund. Auf dem langen und langsamen Weg durch die verschiedenen Gesteinsschichten wird es im Laufe von Jahrzehnten oder sogar Jahrhunderten gefiltert und gereinigt. Beim Durchfließen werden je nach Gesteinsart wichtige Mineralstoffe, Spurenelemente und auch Kohlensäure in unterschiedlicher Konzentration aufgenommen.

Der Geschmack des späteren Mineralwassers hängt im Wesentlichen ab von der Art der Erdschichten und von seiner Fließdauer. Wie beim menschlichen Fingerabdruck gleicht somit kein Mineralwasser dem anderen in der Zusammensetzung seiner Mineralstoffe. Alle natürlichen Mineralwässer stammen aus vor Verunreinigungen geschützten Wasservorkommen, deren natürliche Reinheit garantiert sein muss. Nur die Brunnentiefe kann stark variieren. Deutsche Mineralbrunnenbetriebe bohren zum Teil bis zu 800 Meter tief, um ihr Mineralwasser zu gewinnen. Entweder wird es dann an die Oberfläche gepumpt oder es wird durch den Kohlensäuredruck auf natürliche Weise nach oben gepresst (»artesische« Quelle).

Bei den etwa 240 deutschen Mineralbrunnenbetrieben kann der Konsument zwischen 500 Mineralwässern und 70 Heilwässern wählen. »Natürliches Mineralwasser« ist eine gesetzlich geschützte Bezeichnung und muss ganz bestimmte Voraussetzungen erfüllen. In der Mineral- und Tafelwasserverordnung (MTV) sind diese Anforderungen genau festgelegt. Das Mineralwasser darf nur genau bestimmten und zugelassenen physikalischen Bearbeitungen unterzogen werden. Zum Beispiel wird dem Wasser Eisen entzogen, da dieses in der Luft mit Sauerstoff reagiert; dadurch würden sich unschöne rostbraune Flocken bilden. Ebenso ist die Entschwefelung ein gesetzlich erlaubtes Behandlungsverfahren. Ein zu hoher Schwefelgehalt schlägt sich negativ auf den Geschmack und den Geruch des Wassers nieder.

Kohlensäurehaltige Mineralwässer enthalten entweder eigene Quellkohlensäure (»mit eigener Quellkohlensäure versetzt«), Kohlensäure aus fremden Quellen (»mit Kohlensäure versetzt«) oder sie haben denselben Kohlensäuregehalt wie an der Quelle (»natürliches kohlensäurehaltiges Mineralwasser«). Letztgenannte stammen meist aus ehemaligen Vulkangebieten.

Kleines ABC des Mineralwassers

Natürliches Mineralwasser

- muss ursprünglich rein sein
- stammt aus unterirdischen, vor Verunreinigung geschützten Wasservorkommen
- enthält natürliche Mineralstoffe
- muss direkt an der Quelle abgefüllt werden
- benötigt eine amtliche Anerkennung
- musste bis 1996 mindestens 1 Gramm gelöste Mineralstoffe pro Liter Wasser enthalten (diese Bestimmung wurde dann – leider – durch die EU gekippt, um mineralstoffarme ausländische Mineralwässer nicht zu benachteiligen)

Heilwasser

- gleiche Bestimmungen wie natürliches Mineralwasser, sollte idealerweise aber etwa 1 Gramm mehr gelöste Mineralstoffe pro Liter enthalten
- zusätzlich: die vorbeugende oder heilende Wirkung muss wissenschaftlich nachweisbar sein
- die Gewinnungs- und Abfüllanlagen müssen strenge arzneimittelrechtliche Anforderungen erfüllen
- meist dominiert ein bestimmter Mineralstoff mit spezifischer Heilwirkung
- gilt deshalb nicht als Lebensmittel, sondern als Arzneimittel, und darf nur mit der Zulassung des Bundesinstituts für Arzneimittel und Medizinprodukte in Bonn auf den Markt gebracht werden

Quellwasser

- stammt aus unterirdischen Wasservorkommen
- wird an der Quelle abgefüllt
- hat Trinkwasserqualität
- benötigt keine amtliche Anerkennung

Tafelwasser

- wird künstlich hergestellt und besteht meist aus Trinkwasser plus weiteren Zutaten
- kann auch Meerwasser oder Natursole sein
- kann irgendwo abgefüllt werden
- darf den Begriff »natürlich« nicht enthalten
- darf keinen Quellennamen tragen
- benötigt keine amtliche Anerkennung

Leitungswasser

- besteht in Deutschland aus etwa zwei Teilen Grundwasser und einem Teil Oberflächenwasser und kann deshalb auch Umwelteinflüssen ausgesetzt sein
- darf laut Trinkwasserverordnung mit Chemikalien aufbereitet werden
- unterläuft Kontrollen, bevor es ins Rohrnetz eingespeist wird

Exoten

- Mineralbrunnen-Erfrischungsgetränke: Darunter sind Limonaden und Fruchtsäfte zu verstehen, die mit natürlichem Mineralwasser hergestellt werden, nicht mit Leitungswasser oder anderem Wasser.

- Sprudel: Wenn das Mineralwasser unter natürlichem Kohlensäuredruck aus seiner Quelle sprudelt oder wenn es mit Kohlendioxidzusatz abgefüllt wird, darf die Zusatzbezeichnung »Sprudel« verwendet werden.

- Sodawasser: So heißt ein Tafelwasser, das mindestens 570 Milligramm Natron pro Liter enthält.

Jedes Wasser hat seinen eigenen Geschmack, der abhängig ist vom eingangs beschriebenen Fließweg und von der Fließdauer. Die oben dargestellte Palette lässt sich wie folgt unterscheiden:

a) Säuerling oder Sauerbrunnen
Als Säuerling bezeichnet man ein Mineralwasser mit einem natürlichen Kohlendioxidgehalt (eigene Quellkohlensäure) von über 250 Milligramm pro Liter. Kommt oft in Vulkangebieten vor.

b) Sulfatwasser
Sulfatwässer stammen aus extrem gipshaltigen Gesteinen und enthalten viel Schwefel. Ihr Geschmack ist recht bitter und ihre Wirkung leicht abführend.

c) Chlorid-Wasser
...entsteht beim Fließen durch Salzgestein und ist eher geschmacksneutral. In Verbindung mit Natrium entsteht dann ein leicht salziger Geschmack.

d) Hydrogencarbonat-Wasser
...läuft durch Kalkgestein und ist relativ geschmacksneutral. Zu dieser Gruppe zählen die meisten Mineralwässer. Durch den hohen Härtegrad sind sie zur Teezubereitung ungeeignet.

Gedanken zum Wassertrend

Ist es nicht so, dass gerade die jungen, tüchtigen und dynamischen Genusstypen, voll gepackt mit Erfahrungen aus der ausgiebigen Lektüre einschlägiger Zeitschriften wie »Der Feinschmecker«, »Vogue«, »GQ« oder »Cosmopolitan«, immer bewusster auf ihren Körper achten? Sie muten ihm zwar auch mehr zu, lassen sich aber schon lange nicht mehr alles unterjubeln, was angeblich gesund ist.

So scheinen doch gerade die Jungen erkannt zu haben, dass es enorm wichtig ist vorher vorzubeugen, statt hinterher zu jammern. Nahrungsmittel, die auf der biologischen Schiene entstehen, erfreuen sich gerade eines Booms und Mineralwasser wird immer gesellschaftsfähiger. Nicht selten wird Farbe bekannt, und wo früher einmal Champagner die Szene dominierte, erhebt man heute Wasser zum Statussymbol. Faltenfreie, erfolgreiche Powerfrauen mit gesundem Selbstbewusstsein im noblen Prada-Outfit flanieren mit einem Designerflakon in der Hand über die Tanzfläche und amüsieren sich königlich. Sie tragen allerdings nicht ihr Parfum zum Nachlegen mit sich, nein, sie genießen den Abend mit einem echten Mineralwasser aus Norwegen, das in einem von Calvin Klein entworfenen Edelbehältnis präsentiert wird und nur noch wenig mit einer herkömmlichen Flasche Mineralwasser gemein hat.

In einer anderen Szene haben sich die »Alkopops« auf den Rückzug gemacht. Hier entwickelte sich der Trend vom schlechten Prosecco – den man zweifelsohne in Discotheken ertragen musste – zu günstigen, aber ebenso schlechten Alkopops in allen möglichen Geschmacksrichtungen. Aber auch hier ist man schlussendlich beim Mineralwasser gelandet. Eine österreichische Marke hat hier mit seiner eleganten, flakonähnlichen Flasche das Rennen gemacht.

Es scheint also nicht nur Alkohol zu sein, der das Vergnügen an einer Party ausmacht. Es muss das passende Statussymbol sein, mit dem man sich schmückt, und Mineralwasser gelingt es mehr und mehr, sich den Stellenwert zu erobern, den es verdient.

Wichtige Kaufargumente in unserer Gesellschaft sind Fragen, die man sich selbst stellt, wie zum Beispiel: Kann ich mich mit diesem Produkt sehen lassen? Was denken die anderen? Gehe ich mit dem Zeitgeist?

Mineralwasser hat Stil – man muss ihn nur leben!

Habe ich den anderen etwas voraus und gehöre ich zu den Ersten?

Damit beschreiben wir genau einen »Trendzyklus« in der ersten Hälfte. Nämlich der Hälfte, in welcher der Trend entdeckt und für gut befunden wird. Schnell springen die Trendsetter auf den fahrenden Zug auf, bevor es alle bemerkt haben und sich der Trend zu einer gesellschaftlichen Bewegung entwickelt. So zuletzt geschehen beim Bio-Hype.

Trend ist das entscheidende Schlagwort. In unserer modernen Gesellschaft ist nichts wichtiger, als immer auf dem neuesten Stand zu sein. Schicke Klamotten, schnelle Autos und Partys bis zum Abwinken, das sind die Attribute, um die sich heute alles dreht. Nur wer ständig am Puls der Zeit fühlt, hat noch eine Chance »angesagt« zu sein. Genau diesen Aufstieg zum »Muss ich haben« erarbeitet sich das Mineralwasser gerade. Wie gesagt: Auch im letzten Jahr war Mineralwasser wieder das beliebteste alkoholfreie Getränk der Deutschen. Und das vor allem auch, weil es mehr und mehr einen Imagewandel vollzieht: vom ausschließlichen Durstlöscher hin zum Fitness- und Wellness-Getränk der Zukunft.

Der Trendzyklus

Durch das steigende Angebot an verschiedenen Mineralwässern gibt es auch immer mehr Konsumenten, die unbewusst den neuen Trend mit beschreiten. Wenn man diese unbewussten Trendsetter mit einbezieht, dann scheint es, dass sich der Trend zurzeit an der Schwelle zwischen »Frühadoptierer« und »Frühe Mehrheit« befindet (siehe Grafik).

Betrachtet man hingegen nur diejenigen Wasserkonsumenten, die bewusst auf die Erfolgsstory des Mineralwassers setzen, so sind wir noch deutlich im Bereich der Innovatoren. Wir befinden uns daher im Gebiet derer, die einen neuen Trend erkennen und ihn nach draußen tragen. Also die Ersten der Ersten – und wer ist nicht gerne dabei, wenn Spannendes seinen Lauf nimmt.

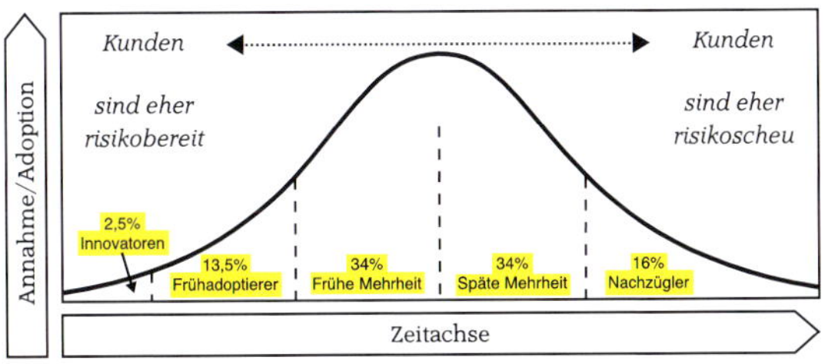

KAPITEL 4

Promis und ihre Wässer

Wasser – was sonst?

Wenn Sie in Deutschland oder sonst wo auf der Welt ein Restaurant der gehobenen Preisklasse besuchen, wird Ihnen wahrscheinlich eine heute fast schon übliche Frage gestellt, nämlich, ob Sie Wasser trinken möchten. Je nach Ausstattung des Mineralwasserlagers wird unweigerlich eine zweite Frage folgen: »Mit oder ohne?« Im englischsprachigen Raum heißt das knapp »with gas?«, in spanisch sprechenden Ländern »con gas o sin gas?«, und der französische Garçon fragt vornehm nach »gazeuse ou non gazeuse?« – vorausgesetzt, Sie sind ihm vorher nicht durch in seinen Augen sinnlose Wünsche unangenehm aufgefallen.

Es sind in erster Linie die jungen erfolgreichen Menschen, die intellektuell am Limit agieren, voller spirituellem Hunger sind und ein Bewusstsein für ihren Körper und für externe Geschmäcker entwickelt haben. Ihnen ist es wichtig, sich bestmöglich zu ernähren und auch Freude an der Ernährung zu haben. Und dazu gehört eben auch, ein Wasser zu trinken, das man gerne trinkt und das optimal auf die eigenen Bedürfnisse zugeschnitten ist, auf Bedürfnisse, die sich mehrfach am Tag verändern können.

Die Natur hat den Menschen unterschiedliche Vorlieben und Geschmäcker zugeteilt. Uns »Otto-Normal-Wassertrinker« interessiert in diesem Punkt ganz besonders eines: Was trinken die Promis?

Die Idealtypen mit Vorbildfunktion aus den Bereichen Politik, Entertainment, Sport und Wirtschaft haben oft kompromisslose Gewohnheiten, auch was ihren Mineralwasserkonsum betrifft. Bekanntlich gehören Allüren zum Superstar-Leben wie die Luft zum Atmen. Nachfolgend ein paar ausgewählte Fälle aus der Boulevardpresse, aus diversen Werbespots und aus der Spekulationskiste, welcher Prominente auf welches Mineralwasser abfährt:

★ **Mariah Carey** ★ Diva und Sängerin • Ihr Chauffeur musste so lange durch die Straßenschluchten Londons fahren, bis das Fünf-Sterne-Hotel Baglioni endlich den roten Teppich ausgerollt hatte. Schließlich will man sich ja die teuren Schuhe nicht beschmutzen. Während ihre Schoßhündchen Jack und Aspen nur in teurem französischem Mineralwasser (die Marke ließ sich nicht recherchieren) baden, bevorzugt die R 'n' B-Sängerin FIJI Water auf ihren Reisen. Über Mariah sagt man, sie werde extrem hysterisch, wenn das Hotel, in dem sie absteigt, nicht das edle Wasser von den Fidschi-Inseln bereithält.

★ **Ben Affleck, Cameron Diaz, Kim Cattrall** ★ Schauspieler • Der Jungbrunnen FIJI Water ist auch das boomende Lieblingsgetränk dieser drei und einiger anderer Hollywood-Stars. Auch in den US-Fernsehserien »Sex and the City« und »Friends« kann man die Schauspieler zu einer Flasche FIJI Water greifen sehen.

★ **Catherine Zeta-Jones** ★ Schauspielerin • Die seit Herbst 2000 mit Hollywood-Megastar Michael Douglas verheiratete Mutter von zwei Kindern lebt ihren Nationalstolz in allen Lebenslagen voll aus. Sie verlangt immer nach Ty Nant, dem Mineralwasser aus ihrer walisischen Heimat, das meist in der typisch blauen Flasche daherkommt. Da es stark salzig und auch leicht nach Jod schmeckt, ist es als Begleiter zu Wein nahezu ungeeignet.

★ **Rudolph Moshammer** ★ Modezar • Zu Lebzeiten war er die personifizierte Märchenwelt – Ottfried Fischer nannte ihn einmal »eine Art lebendes Neuschwanstein«. Das Münchner Original genoss zu seinem Mahl natürlich stets ein extravagantes Mineralwasser, das königliche, fein prickelnde Chateldon, das schon seit über 350 Jahren erfrischt und belebt. Bereits der Sonnenkönig Ludwig XIV war glücklich damit, weil es seinem Magenleiden Linderung verschaffte. Chateldon war auch die Lieblingsmarke des Schahs von Persien.

★ **Gerhard Schröder** ★ Ex-Bundeskanzler • Gerd-wird's-schon-richten-Schröder scheint dagegen weniger wählerisch. Als geografische Balance zu seinen kubanischen Cohibas verschreibt er sich meist den heimischen Wässern und hofft auf das Erlebnis »Urkraft« bei einem Glas Apollinaris, der »Queen of Table Waters«.

★ **Joschka Fischer** ★ Nur-noch-Politiker • Der langjährige Bundesaußenminister aus Baden-Württemberg hat in einem Interview einmal erklärt, dass Kiffen auf Dauer nicht gut ist und die jungen Menschen stattdessen zu Mineralwasser greifen sollen. Da muss man ihm zustimmen.Der ehemalige Straßen-Sponti und Turnschuhträger bevorzugt als (ehemaliger) Vielreisender – wie sollte es anders sein – ausländische Mineralwässer.

★ **Angela Merkel** ★ Bundeskanzlerin • Ganz nach dem Werbeslogan »Volle Pulle Leben« passen Berlins bekannteste Mineralwassermarke Spreequell und Angela Merkel gut zusammen. Ein Tipp von uns: Das ideale Getränk aus der Spreequell-Produktpalette zu ihren Leibgerichten Spaghetti Bolognese und Eintopf ist das Spreequell Classic.

★ **Harald Schmidt** ★ Unterhaltungsmoderator • Der Meister der deutschen Sprachkultur und bekennende

Stillem Wasser und schweigenden Leuten ist nicht zu trauen.

Sprichwort

Hypochonder aus Nürtingen sagt »Ja zu deutschem Wasser«. Welches denn jetzt seine Lieblingsmarke ist, bleibt allerdings sein wohl gehütetes Geheimnis. »Wenn ich die Firma nenne, dann soll sie vorher dafür bezahlen«, lautet der spitzbübische Kommentar des Entertainers, der früher Priester werden wollte.

★ Johannes B. Kerner ★ ZDF-Talker • Menschen, Abenteuer und Schicksale sind die Themen seiner Sendungen, in denen er schon nahezu 1000 Gäste hatte. Wer Kerner kennt, kennt Bonaqa aus dem Hause Coca-Cola. Das ist zwar kein Mineralwasser, aber in Flaschen abgefülltes und mit Kohlensäure versetztes Tafelwasser findet mit der richtigen Werbung auch seine Abnehmer. Laut einer vom Wirtschaftsmagazin »Capital« in Auftrag gegebenen Studie passt das Image von JBK zu 93 Prozent zur Marke Bonaqa. Zwei, die eben zusammengehören – auch wenn das »B« in der Namensmitte für Baptist und nicht für Bonaqa steht.

★ Oliver Kahn ★ Titan und Torwart • Die Adelholzener Alpenquellen gehören zur Vereinigung der Barmherzigen Schwestern vom hl. Vinzenz von Paul. Die Erlöse des Unternehmens gehen zu einem großen Teil in soziale Projekte. Für »die reine Kraft der Alpen« warb Nationalkeeper Oliver Kahn und laut Auskunft des Klosters war er auch eifriger Trinker des klerikalen Wassers. Allerdings hatten die Ordensschwestern wohl schon eine Vorahnung auf kommende Schlagzeilen in der Boulevardpresse über ihr Aushängeschild, als sie den Werbevertrag mit dem Torwart des FC Bayern Ende 2002 beendeten.

★ Georg Totschnig, Fabian Wegmann, Levi Leipheimer ★ Radprofis • Auch im Radsport haben Getränkefirmen Fuß gefasst und nutzen die boomende Trendsportart für ihre Werbezwecke. Jedes Jahr größere Erfolge verbucht das 1998 gegründete Team Gerolsteiner mit Spitzenfahrern unter anderem aus Österreich, Deutschland und den USA. Ganz nach dem Motto: Wer vorne mitfahren will, braucht das richtige Mineralwasser – am besten aus der Vulkaneifel.

★ Prinz Henry Charles Albert Windsor ★ Adliger • Prinz Harry, Nummer drei der britischen Thronfolge, Hobby-Maler und Partylöwe, favorisiert die Öko-Mineralwassermarke Duchy seines Vaters Prinz Charles. »Duchy Originals Royal Deeside Mineral Waters« wird aus den Pannanich-Quellen in der Nähe von Schloss Balmoral gewonnen. Als schottisches Mineralwasser harmonisiert es natürlich besonders gut zu Scotch Single Malt Whisky.

★ **Kylie Minogue** ★ Sängerin • Sinnlich, erotisch, reizvoll und meist leicht bekleidet durfte man die australische Popsängerin bis zu ihrer Krebserkrankung bewundern. Auch auf ihrer letzten Tournee durch England war Abkühlung dringend nötig. Ganz kostenlos wurden deshalb vor den Konzerthallen Wasserflaschen an die Fans verteilt, gefüllt mit französischem Evian und mit dem Namensaufdruck *Kylie*. Die Pop-Diva selbst trinkt jeden Tag zwei Liter Evian, um einen ausgeglichenen Flüssigkeitshaushalt zu wahren.

★ **Paul Bocuse** ★ Spitzenkoch • Der Wegbereiter der »Nouvelle Cuisine« legt großen Wert auf kalorienarme, authentische Kost mit erstklassigen und frischen Zutaten. Mit etwas Glück kann man den kleinen Koch am frühen Morgen auf dem Markt im französischen Lyon sehen, wo er mit urteilssicheren Augen Wild, Obst, Gemüse und Salate erwirbt. Ganz nach dem Motto »back to the basics«, zurück zu den ursprünglichen, regionalen Elementen. Und deshalb ist es nur konsequent, dass sein Restaurant im Mineralwasserangebot stark Perrier-lastig ist.

★ **Nelson Rolihlahla Mandela** ★ Friedensnobelpreisträger und Politiker • Jahrzehntelang kämpfte er mit außerordentlicher Energie gegen die Apartheid und wurde zum berühmtesten Helden Südafrikas. Seinen täglichen Wasserbedarf deckt er mit dem mineralarmen Wasser Aqua Africa.

KAPITEL 5

Wasser mit Wirkung – Mineralwasser und seine Inhaltsstoffe

Wasser, und erst recht Mineralwasser, ist nicht einfach nur H_2O, also eine Verbindung aus Wasserstoff und Sauerstoff. Dieses Wasser gibt es nur im Chemieunterricht. Tatsächlich ist Mineralwasser ein Tummelplatz für viele interessante Stoffe, von denen wir hier die wichtigsten vorstellen.

Mineralstoffe

Sie geben dem Mineralwasser seinen Namen. Um optimal zu funktionieren, braucht unser Organismus rund 50 verschiedene Mineralstoffe und Spurenelemente in unterschiedlichen Mengen. Das Fehlen eines dieser Bausteine oder ein Mangel daran beeinträchtigt die Körperfunktionen. Mineralstoffe sind grundsätzlich essentiell, also lebenswichtig.

Calcium

Calcium braucht der Körper zur Bildung der Knochen und der Zähne. 99 Prozent des im Körper enthaltenen Calciums sind im Skelett deponiert. Das restliche eine Prozent kräftigt die Herzaktivität und unterstützt die Blutgerinnung. 1000 mg pro Tag sollte ein ausgewachsener Mensch täglich zu sich nehmen, und Mineralwasser ist ein guter Lieferant, um bei der Deckung dieses Bedarfs zu helfen. Süddeutsche Mineralwässer sind wegen ihrer Nähe zu Kalkgebirgen meist calciumreicher als norddeutsche.

Entgegen früheren Vermutungen kommt es selbst durch eine sehr hohe Aufnahme an Phosphat nicht zu einer Verschlechterung der Calciumbilanz. Auch die Knochenabbauprozesse werden dadurch nicht verstärkt -- was nicht heißen soll, dass typische Phosphatquellen wie Cola-Getränke und Currywurst plötzlich gesund sind.

Chlorid

Chlorid kommt im Körper und in der Nahrung immer zusammen mit Natrium und Kalium vor und steuert mit diesen beiden Stoffen den Flüssigkeitshaushalt des Körpers. Chlorid ist ein wichtiger Bestandteil der Magensäure und für die Verdauung unentbehrlich. Zur Deckung des Tagesbedarfs eines Erwachsenen ist Mineralwasser keine große Hilfe, denn es kommt eher selten darin vor. Lediglich unter den deutschen Heilwässern finden sich richtige Chloridbomben.

Kalium

Im Gegensatz zu Natrium befindet sich Kalium zu 98 Prozent in der Körperzelle. Zusammen mit Natrium

reguliert es den Flüssigkeitshaushalt. Die Energiespeicher unserer Muskeln können nur gefüllt werden, wenn eine ausreichende Menge Kalium vorhanden ist. Kalium wirkt entwässernd und sorgt für einen gleichmäßigen Herzschlag. Die täglich notwendige Dosis beträgt mindestens 2000 mg, soweit nicht körperliche Anstrengung und Hitze deutlich mehr erfordern. Das kaliumreichste Mineralwasser ist das ukrainische Poljana Kupel mit sagenhaften 2000 mg pro Liter. Die deutschen Wässer liegen deutlich unter der 100-mg-Marke.

Kalium senkt den Blutdruck und wirkt entspannend. Ein Mangel führt zu Muskelschwäche, Herzrhythmusstörungen, Müdigkeit und auch zu Stimmungsschwankungen.

Magnesium – Mg

Der tägliche Normalbedarf von ca. 300 mg kann durch magnesiumreiche Wässer gut gedeckt werden. Wer viel Sport treibt oder von früh bis spät unter Strom steht, kann allerdings auch erheblich größere Mengen benötigen. Magnesium sorgt für gute Laune, setzt Glückshormone frei und hilft gegen Impotenz und Schlafstörungen. Jeder Sportler weiß: Magnesium macht die Muskeln weich und beugt Muskelkrämpfen vor. Es ist auch wichtig für den Knochenaufbau.

Sind wir einmal unruhig und aufgekratzt und versetzen unser Umfeld in unangenehme, schlechte Laune, dann liegt das eventuell auch an einem versandeten Magnesiumspiegel. Weitere mögliche Mangelerscheinungen sind Migräne, Ohrensausen, ein Hörsturz und sogar Herzrhythmusstörungen.

Natrium – Na

Natrium ist ein Hauptbestandteil von Kochsalz und wird dadurch schon ausreichend mit der Nahrung aufgenommen. Deshalb ist es als Mineralstoff beim Wasser nicht mehr ganz so zwingend. Wer stark schwitzt, braucht aber mehr Salz. Natriumreiche Mineralwässer haben einen leichten Salzgeschmack und haben eine treue, wenn auch kleine Fangemeinde unter den Verbrauchern.

Natrium stabilisiert den Kreislauf und spielt eine wichtige Rolle für die Muskeln, den Blutdruck und die Nerven. Außerdem regelt es den Wasser- und Säure-Basen-Haushalt. Eine Natriumknappheit kann allgemeine körperliche Schwäche, Übelkeit und Muskelkrämpfe bewirken und bis hin zum Kreislaufkollaps führen.

Sulfat – SO_4

Dieses Salz der Schwefelsäure schmeckt etwas bitter

und ist daher im Mineralwasser oft nur in Verbindung mit Kohlensäure genießbar. Das Wasser mit dem größten Sulfatgehalt weißt schon im Namen auf das Geschmackserlebnis hin: Kissinger Bitterwasser (Heilwasser). Größere Mengen an Sulfat wirken abführend und fördern die Verdauung.

Spurenelemente

Der Mensch überlebt nicht ohne Mineralstoffe und Vitamine. Doch genauso braucht er Spurenelemente, wenn auch nur in minimalen Mengen. Und nicht immer sind diese wirklich essentiell, also lebenswichtig. Was aber ist nun der Unterschied zwischen Mineralstoffen und Spurenelementen? Je nachdem, wie hoch der durchschnittliche Bestand im Körper ist, werden Mineralstoffe in Mengen- und Spurenelemente eingeteilt. Die Grenze liegt bei 50mg/kg Körpergewicht. Mengenelemente liegen darüber, Spurenelemente darunter, eben nur »Spuren«.

Zwei Spurenelemente, nämlich Jod und Fluorid, können den Geschmack des Mineralwassers stark beeinflussen. Es gibt noch eine dritte Gruppe an (toxischen) Spurenelementen, die im Körper zwar vorkommen, deren Genuss jedoch schädlich sein kann. Dazu zählen Blei (Vorkommen in alten Blei-Wasserleitungen), Cadmium, Quecksilber und Arsen.

Eisen Fe

Der Bruder des Sauerstoffs, weil Eisen ein Teil des roten Blutfarbstoffes Hämoglobin ist und in 35 Milliarden roten Blutkörperchen durch jeden von uns zirkuliert. Eisen garantiert die optimale Sauerstoffdurchflutung des Körpers bis in die hinterste Ecke unseres Gehirns. Folgen von Eisenmangel sind Hautblässe, Antriebsarmut, Verstopfung und Impotenz. Die empfohlene Tagesprise liegt bei 10 bis 15 mg.

Bei Kontakt mit Sauerstoff oxidiert Eisen zu Rost und wird daher den meisten Mineralwässern auf physikalischem Wege entzogen. Den bitteren und säuerlichen Geschmack findet man jedoch noch in vielen Heilwässern. Liebhaber finden den größten Eisengehalt unter den deutschen Heilwässern in der Bad Mergentheimer Albertquelle, dem Vulkania Heilwasser und dem Maxbrunnen Heilwasser.

Fluorid F

Fluorid ist das Salz des Fluorwasserstoffs. Der Körper braucht es zur Härtung von Knochen und Zähnen. Fluor ist zwar wichtig, aber bei jahrelanger Aufnahme in größeren Mengen schädlich. Bei über 10 mg pro Tag beginnt die Überversorgung bei Erwachsenen, bei Kindern bereits ab 2–3 mg. Wertvolle Dienste leistet dieses Spurenelement beim Aufbau der Knochen und der Zahnstruktur. In den meisten Zahnpasten ist aber bereits so viel Fluor enthalten, dass der Tagesbedarf locker gedeckt wird. In der Regel enthalten Mineralwässer nur geringe Mengen an Fluorid.

Jod

Unseren Wellensittich Hansi stopfen wir mit Jod-S11-Körnchen voll, damit er keinen Kropf kriegt. Und auch für uns Menschen sind 200 Mikrogramm Jod täglich lebenswichtig für die Schilddrüse. Wer schnell friert, zu Übergewicht neigt und schnell schlapp macht, dem fehlt oft nur Jod. Allerdings kommen nennenswerte Mengen bei heimischen Wässern nur in der Sylt-Quelle vor.

Silizium (Kieselsäure)

Das zweithäufigste Element der Erde. Seine Bedeutung ist dennoch nicht zweifelsfrei belegt. Silizium stärkt Knochen, Haare und Nägel und verbessert die Wundheilung, vor allem bei Zerrungen und Verstauchungen. Es soll außerdem Alterserscheinungen vorbeugen. In deutschen Mineralwässern kommt es kaum vor, dafür umso mehr in spanischen und italienischen Regionalwässern.

Zink

Das Multitalent Zink stärkt das Immunsystem, beschleunigt die Wundheilung, sorgt für mehr Antrieb im Beruf und bis ins Greisenalter auch im Schlafzimmer, wirkt unterstützend bei Allergien und sorgt bei Kindern für gute Lernfähigkeit und Wachstum. Außerdem bildet Zink zusammen mit Eiweiß das Hormon Testosteron. Testosteron steht für männliche Potenz, inneres Feuer, Leidenschaft, Entscheidungsfreude und Dynamik bei beiderlei Geschlecht. Zink steht für qualitativ hochwertige Spermien auf der einen Seite und für Eierstock-Overkill auf der anderen Seite des Matratzenlagers.

Achtung: Pro Ejakulat gehen 4 mg Zink verloren. Sorgen Sie rechtzeitig für Nachschub! Die empfohlene Tagesmenge liegt demzufolge beim Mann auch höher als bei der Frau, nämlich bei 10 bzw. 7 mg. Das deutsche Wasser mit dem höchsten Zinkgehalt ist bezeichnenderweise das »Adonis Heilwasser«.

Nitrat

Das Salz der Salpetersäure. Der aus der Landwirtschaft stammende Schadstoff kommt leider auch im Trink-

und Mineralwasser vor. Nitratreiches Wasser ist für Säuglingsernährung nicht geeignet. Auch die erwachsene Bevölkerung sollte keine nitratreichen Wässerchen trinken. Der gesetzliche Grenzwert liegt bei circa 50 mg Nitrat pro Liter.

Kohlensäure

Wasser ohne Kohlensäure bezeichnet der Kenner als »still«. Reduzierter Kohlensäuregehalt führt uns zu den »halbstillen« Wässern, in Physikerkreisen auch »medium« genannt. Deutsche Mineralwässer enthalten meist mehr Kohlensäure als ausländische Marken. Das liegt in erster Linie an der Lage der Quellen, die in früheren Vulkan-Regionen liegen. Kohlensäure wirkt belebend, erfrischend und regt den Kreislauf und die Verdauung an. Außerdem hat sie leicht konservierende Wirkung und hält dadurch das Mineralwasser länger frisch. Freunden des gepflegten Alkoholgenusses empfiehlt man, als Begleiter zu alkoholischen Getränken zu einem Mineralwasser mit wenig oder überhaupt keiner Kohlensäure zu greifen. Denn viel Kohlensäure befördert den Alkohol schneller ins Blut.

Uran

Der Mensch hat leider viel dazu beigetragen, dass immer mehr Uran in die Umwelt und damit auch in die Nahrung gelangt. Die Weltgesundheitsorganisation WHO bestimmte 1998 einen Grenzwert für den Urangehalt im Trinkwasser, und zwar zwei Mikrogramm pro Liter. Im Jahr 2004 wurde dieser Grenzwert auf sage und schreibe 15 Mikrogramm angehoben. Das Umweltbundesamt hält derzeit eine Höchstbelastung von 10 Mikrogramm pro Liter für vertretbar.

Das Schwermetall Uran ist in den meisten Mineralwässern nicht beziehungsweise kaum nachweisbar und in der Regel liegt der Gehalt bei deutlich unter 5 Mikrogramm pro Liter. Leider gibt es keine Verpflichtung, den Urangehalt im Mineralwasser bekannt zu geben. Wer sich dafür näher interessiert, kann sich an das Bundesamt für Strahlenschutz wenden. Einige Ergebnisse hat auch die Zeitschrift »Öko-Test« im Sommer 2005 veröffentlicht.

Wichtig: Für die Zubereitung von Säuglingsnahrung sollte man in jedem Fall uranfreies Mineralwasser verwenden.

Kationen

Mit dem Begriff Kationen werden elektrisch positiv geladene Teilchen bezeichnet. Im Mineralwasser sind das zum Beispiel die schon erwähnten Stoffe Calcium, Eisen, Kalium, Magnesium und Natrium.

Anionen

Damit sind elektrisch negativ geladene Teilchen gemeint. Im Mineralwasser sind das zum Beispiel Jod, Fluorid, Chlorid und Sulfat.

Hydrogencarbonat

In Mineralwässern aus Kalkgebirgen ist Hydrogencarbonat das meist vorkommende Anion. Im Magen wird es zu Kohlensäure umgewandelt und hilft Kindern beim Bäuerchen. Hydrogencarbonatreiche Wässer helfen die Säurebalance in Magen und Darm zu erhalten und unterstützen die Verdauung. Enorm hydrogencarbonathaltige Wässer findet man in Osteuropa.

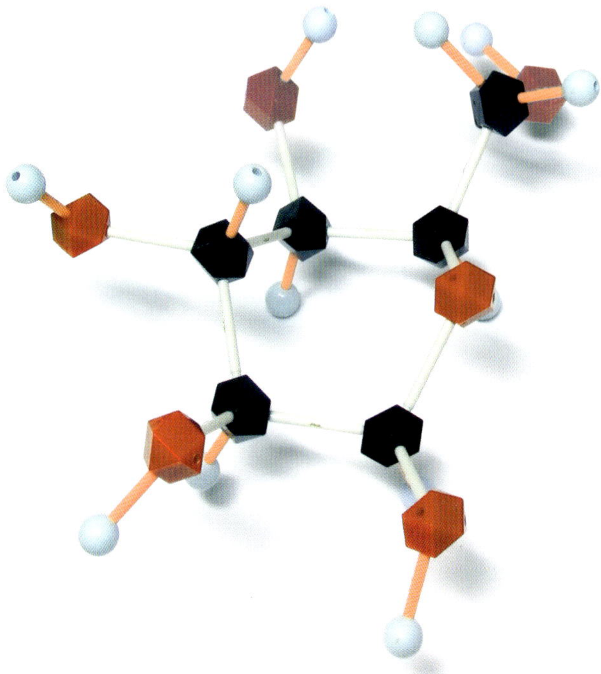

Testen Sie sich! Welcher Mineralwassertyp sind Sie?

Auswertung:

TYP A

Sie sind prädestinierter Trinker eines stillen Wassers mit wenig gelösten Mineralstoffen, da sich Ihre körperliche Betätigung in Grenzen hält. Jedoch sollte Ihr Alltag auch nicht zu langweilig gestaltet werden, so dass Sie durchaus Mineralwasser mit leichter Kohlensäure konsumieren sollten – ein wechselseitiger Einsatz wäre empfehlenswert.

Die Mineralwässer dieser Gruppe eignen sich ebenfalls hervorragend für Schwangere und stillende Mütter sowie zur Zubereitung von Babynahrung. Der Konsum dieser Wässer zeigt sich als sehr bekömmlich. Sie sind sanft und mild zum Körper und auch für Herzkranke sinnvoll.

Unser Tipp: Achten Sie auf den Aufdruck »natriumarm« und »geeignet für die Zubereitung von Babynahrung«. Wählen Sie Wässer aus kleinen regionalen Quellen.

Einige Wasserempfehlungen:
Bad Teinacher, Black Forest Pearl, Petrusquelle, Vittel, Evian, Luna Mondquelle, Bad Güstrower Schlossquelle, Voss, Lauretana, Vöslauer, Chateldon, Canada Geese, FIJI Water, Finé Water

Typ B

Sie sind ein Konsument, der durch Abwechslung beim Wassertrinken viel Spaß haben kann. Sie benötigen keine übermäßigen Mengen an gelösten Mineralstoffen und reagieren auch nicht empfindlich auf Kohlensäure. Sie sollten ein wenig spielen im Umgang mit Wasser und stets Verschiedenes zur Hand haben.

Versorgen Sie sich tagsüber mit einem Mineralwasser, das reichhaltig an gelösten Mineralstoffen ist, dann können Sie abends zum Essen, nachts und morgens ein leichtes und mildes Wasser genießen. Tagsüber empfehlen wir Ihnen ein Wasser, das deutliche Kohlensäure aufweist und Sie frisch hält. Abends sowie morgens sollten Sie es ruhiger angehen lassen – also ein stilles und ausgewogenes Wasser. Ihr Wohlbefinden wird Ihnen Recht geben.

Einige Empfehlungen:
Adelholzener, Peterstaler, Christinen-Brunnen, Taunusquelle, Hildon, Gerolsteiner, Volvic, San Pellegrino, Coralba, Ioli, Römerquelle, Rhäzunser, Passugger, Badoit, Pineo, Gaensefurther, St. Michaelis, Sylt-Quelle

Typ C

Sie stehen den ganzen Tag unter Strom und bewegen sich überdurchschnittlich viel. Sie schwitzen viel und arbeiten lange und hart. Außerdem sind Sie sportlich sehr engagiert.

Achten Sie darauf, dass Sie Ihre Speicherkapazitäten rechtzeitig und ausreichend wieder auffüllen! Rechtzeitig heißt: Trinken Sie nicht erst, wenn Sie Durst verspüren! Denn dann sind die körpereigenen Ressourcen bereits verbraucht. Mineralwässer mit einem hohen Gehalt an gelösten Mineralstoffen und jeder Menge Kohlensäure bringen Sie richtig auf Touren und machen Sie fit für den Tag.

Trinken Sie auch ab und zu eine Flasche Heilwasser. Diese Wässer enthalten eine hohe Konzentration an Mineralstoffen und wichtigen Spurenelementen in ausreichenden Mengen. Ganz besonders wichtig ist der Natriumchloridgehalt, der Ihren Salzhaushalt wieder ins Gleichgewicht rücken kann. Hier wirkt das Mineralwasser ebenso wie ein Elektrolyt-Getränk. Besonders empfehlenswert ist auch der Klassiker Apfelschorle, der den Bedürfnissen eines Sportlers bestens entspricht – vorausgesetzt, der Apfelsaft ist naturtrüb und aus biologischem Anbau.

Für die Nacht eignet sich ein stilles Mineralwasser besser; auch hier gilt, dass für die Nachtruhe ein sanftes Wasser wesentlich geeigneter ist.

Was hervorragend passt:
Apollinaris, Überkinger, Staatlich Fachingen, Heppinger, Hirschquelle, Selters, Rheinfelsquelle, Solé, Perrier, Highland Spring, Ty Nant, Vichy Célestins, Adelbodner

Egal, welchem Typ Sie sich zuordnen: Es gibt keinen Mangel an geeigneten Mineralwässern, um Sie durch den Tag zu bringen.

KAPITEL 7

Heimische Mineralwässer und ihre Stärken

Deutschland gilt mit mehr als 240 Quellen als eines der mineralwasserreichsten Länder der Welt. Da lohnt es sich, genauer nachzusehen.

In diesem Kapitel stellen wir Ihnen eine Reihe heimischer natürlicher Mineralwässer vor, die Sie zum Teil sehr gut kennen, aber auch einige, von denen Sie wahrscheinlich noch nie gehört haben.

Sie werden erfahren, was diese Wässer charakterisiert, und einen kleinen, aber aufschlussreichen Überblick erhalten, was bei uns in den Regalen steht. Mittlerweile gehört es zum guten Ton, dass fast jede Wasserfirma ihr Produkt auch in PET-Flaschen abfüllt. Diese eignen sich besonders gut für den Sport oder für unterwegs, da sie wenig Eigengewicht haben und unzerbrechlich sind. Ein weiteres Novum der trendbewussten Wasserfirmen ist die Gastrolinie. Das Wasser wird hier in besonders durchgestylten Flaschen angeboten, die ausschließlich in der Gastronomie erhältlich sind. Sie sollen dazu beitragen, den Gast durch den optischen Reiz der Flasche zum Trinken zu animieren. So kann es also passieren, dass Sie im Restaurant ein Wasser bekommen, das in einer völlig anderen Flasche serviert wird als diejenige, die zuhause im Kühlschrank steht. Dennoch ist es original das gleiche Wasser, das Sie vom selben Abfüller in einer anderen Flaschenform und mit einem anderen Etikett kennen.

Dass im Folgenden aus dem großen Angebot nur wenige Vertreter vorgestellt werden können, versteht sich von selbst. Dafür ist die Auswahl repräsentativ.

Baden-Württemberg

Peterstaler

Herkunft:
Bad Peterstal / Schwarzwald

Mineralisierung:
- ausgewogen, harmonisch, gute Balance zwischen Calcium, Natrium und Sulfat
- fluoridhaltig
- enteisent

Geschmack:
- weich und frisch, leicht bitter im Nachgeschmack
- erhältlich als Classic (viel Kohlensäure) und Medium- sowie in der Gastronomie als Gourmet Classic, Gourmet Medium, Gourmet Still; Tannenflasche (besonders sanft mit wenig Kohlensäure)

Besonderheiten:
Aus der Hansjakobquelle wird das besonders milde und weiche »Black Forest Pearl still« abgefüllt. Es ist arm an Natrium, Nitrat und Kochsalz und daher bestens geeignet für Babynahrung, Diabetiker und Herzpatienten.

In den Jahren 2003 und 2005 wurde Peterstaler Mineralwasser mit »sehr gut« von der Zeitschrift »Stiftung Öko-Test« bedacht und somit für seine ausgezeichnete Qualität belohnt.

www.peterstaler.de

Teinacher

Herkunft:
Bad Teinach

Mineralisierung:
- ausgewogen, eher dominant; Calcium und Natrium sind hervorstechend

Geschmack:
- dynamisch und lebendig; das Calcium gibt dem Wasser etwas Körper und das Natrium rundet das feine Wasser geschmacklich ab
- erhältlich als Classic (viel Kohlensäure), Medium und Naturell, sowie in der Gastronomie als Teinacher Gourmet (Medium) und Teinacher Gourmet ohne Kohlensäure

Besonderheiten:
Teinacher ist ein idealer Begleiter durch den ganzen Tag und passt hervorragend zu allen Speisen. Interessant ist auch der Gehalt an Kieselsäure.

www.teinacher.de

Überkinger

Herkunft:
Bad Überkingen

Mineralisierung:
- sehr hohe Mineralisierung mit deutlicher Dominanz von Natrium, Hydrogencarbonat und Sulfat; bemerkenswert ist der vergleichsweise niedrige Chloridgehalt
- fluoridhaltig

Geschmack:
- deutlich salzig, dabei jedoch sehr erfrischend; der Eigengeschmack ist nicht jedermanns Sache
- erhältlich als Classic (viel Kohlensäure), Medium und Feinperlend sowie in einer eigenen Gastroflasche (alle Produkte)

Besonderheiten:
Das Wasser bekommt seinen salzigen Geschmack durch die Verbindung des Natriums mit Hydrogencarbonat und nicht durch Kochsalz (Natrium- und Chlorid-Ionen). Damit eignet es sich ausgezeichnet für Sportler und Bluthochdruck-Patienten.

www.mineralbrunnen-ag.de

Bayern

Adelholzener

Herkunft:
Bad Adelholzen

Mineralisierung:
- ausgewogen mineralisiert, die wichtigsten Mineralien sind Calcium und Magnesium
- natriumarm, geeignet für Babynahrung

Geschmack:
- fein säuerlich, sehr neutral und rein
- erhältlich als Classic (viel Kohlensäure), Sanft (wenig Kohlensäure), Extra Still und Naturell sowie als Adelholzener Gourmet; es wird auch ein Heilwasser abgefüllt

Besonderheiten:
Die Quelle ist über 1700 Jahre alt und wurde von den Römern entdeckt.

Die Adelholzener Alpenquelle ist im Besitz der Kongregation der Barmherzigen Schwestern vom hl. Vinzenz von Paul. Die Gewinne gehen nach Abzug von Investitionen zu hundert Prozent in soziale Einrichtungen wie Krankenhäuser, Alten- und Pflegeheime.

www.adelholzener.de

Petrusquelle

Herkunft:
Siegsdorf

Mineralisierung:
- harmonisch, feine Mineralisierung; Hauptanteile sind Calcium und Magnesium
- natriumarm, geeignet für Babynahrung

Geschmack:
- erfrischend leichtes Wasser mit fein säuerlichen Anklängen
- erhältlich als Spritzig (viel Kohlensäure), Still (wenig Kohlensäure), ohne Kohlensäure und als Gourmetflasche mit wenig Kohlensäure

Besonderheiten:
Petrusquelle ist eines der wenigen Mineralwässer, die völlig unbehandelt in die Flasche kommen. Es wird direkt von der Quelle in die Flasche gefüllt, ohne dass unerwünschte Stoffe entfernt werden müssen oder Kohlensäure zugesetzt wird.

www.petrusquelle.de

Brandenburg

Bad Liebenwerda

Herkunft:
Bad Liebenwerda

Mineralisierung:
- dezent, dabei ausgewogen mineralisiert; beachtlicher Sulfat-Wert
- natriumarm, geeignet für Babynahrung

Geschmack:
- fein säuerlich, eher unauffällig neutral
- erhältlich als Spritzig (viel Kohlensäure), Medium und Naturell

Besonderheiten:
Die Bad-Liebenwerda-Quelle ist in den 50er-Jahren als VEB-Betrieb in der ehemaligen DDR gegründet worden und war somit Getränkeversorger Nr.1 in der Region um Cottbus. Noch heute ist Bad Liebenwerda ein eher regional bezogenes Wasser, das sich aber bei seinen Anhängern größter Beliebtheit erfreut.

www.mineralquellen.de

Taunusquelle

Herkunft:
Bad Camberg

Mineralisierung:
- ausgewogen, prägnant

Geschmack:
- harmonisch, elegant und feinbitter
- fast ausschließlich in der Gastronomie anzutreffen als Wasser mit viel, wenig und ohne Kohlensäure

Besonderheiten:
Die aufwändig geschliffene Flasche erinnert ein wenig an vergangene Tage. Das Wasser ist mit seiner geschmacklichen Ausprägung bestens als Speisenbegleiter zu empfehlen. Taunusquelle war übrigens eines der ersten stillen Wässer, das in Flaschen gefüllt wurde.

www.taunusquelle.de

Mecklenburg-Vorpommern

Güstrower Schlossquell

Herkunft:
Güstrow

Mineralisierung:
- solide, feingliedrig; bemerkenswert hoher Calciumwert
- natriumarm, geeignet für Babynahrung

Geschmack:
- erfrischend, neutral, fein herb
- erhältlich als Spritzig (viel Kohlensäure), Medium und ohne Kohlensäure; alle drei Sorten sind auch als separate Gastrolinie erhältlich

Besonderheiten:
Einer von den Kleinen im Verbund der großen Mineralbrunnen AG, der unkompliziert und belebend seine Anhänger regional erfreut. Doch Dank des starken Partners kann man Güstrower neuerdings auch schon mal andernorts konsumieren.

www.guestrower.de

Glashäger

Herkunft:

Glashagen, Bad Doberan

Mineralisierung:

- dezent, harmonisch
- natriumarm, geeignet für Babynahrung

Geschmack:

- weich und erfrischend neutral
- Glashäger wird abgefüllt als Classic (viel Kohlensäure), Medium (wenig Kohlensäure) und Still; alle drei Produkte werden auch in durchaus markanten Gastroflaschen angeboten

Besonderheiten:

Schon im Mittelalter wurde die Quelle entdeckt und nach einigen Untersuchungen für ausgezeichnet empfunden, was sich bis heute bestätigt hat.

In seiner Region – im Norden Deutschlands – ist Glashäger bereits Kult in der Gastronomie. In vielen guten Häusern ist es im Angebot, von seinen Fans wird es besonders geschätzt.

www.glashaeger.de

Niedersachsen

Bad Harzburger

Herkunft:
Bad Harzburg

Mineralisierung:
- dezent, elegant
- natriumarm, geeignet für Babynahrung

Geschmack:
- fein, harmonisch und natürlich rein
- erhältlich ist das Bad Harzburger als Classic (viel Kohlensäure), Medium und Naturell sowie als Gastrolinie »Exklusiv« mit bekömmlicher Kohlensäure

Besonderheiten:
Der Klassiker ist der Bad Harzburger »Juliushaller«, ein echter Geschmacksriese von ungewohnt kräftigem Aroma mit fein säuerlichen und salzigen Anklängen – ein prägnantes und kräftiges Wasser mit beachtlichen Werten bei Calcium, Natrium und Sulfat.

www.bad-harzburger.de

Vilsa

Herkunft:

Bruchhausen-Vilsen

Mineralisierung:

- eher dezent, dennoch ausgewogen, wobei der Anteil an Calcium hervorsticht
- natriumarm

Geschmack:

- fein und ausgewogen, leicht metallisch
- Vilsa bekommen Sie als Brunnen (mit viel Kohlensäure), Stiller Quell (mit wenig Kohlensäure) und ohne Kohlensäure als Naturell; in der Gastronomie als Medium und Naturell erhältlich

Besonderheiten:

Vilsa bietet »Stiller Quell« als optimales Mineralwasser für kleine Kinder und Herzpatienten an. Dieses Produkt wurde von der Zeitschrift »Stiftung Öko-Test« mit »sehr gut« bewertet. Das Wasser ist natriumarm, kochsalzarm, nitrit- und nitratfrei und daher besonders für die Zubereitung von Babynahrung geeignet. Außerdem ist Vilsa eines der 9 (von 81 von Öko-Test geprüften) Mineralwässer ohne nachweisbaren Urangehalt.

www.vilsa.de

Nordrhein-Westfalen

Christinen-Brunnen

Herkunft:
Bielefeld, Teutoburger Wald

Mineralisierung:
- deutlich charakteristisch, ausgeprägtes Natrium und Chlorid

Geschmack:
- kräftig, leicht salzig
- erhältlich als Spritzig (viel Kohlensäure), Mild und Medium (wenig Kohlensäure); eine gesonderte Gastroserie gibt es nicht.

Besonderheiten:
Aus einem zweiten Brunnen in Steinhagen wird das Naturell abgefüllt. Es ist deutlich natriumärmer, dezent mineralisiert und schmeckt leichter und neutraler. Außerdem gibt es noch das »Carat«, das besonders fein mineralisiert ist und äußerst wenig Natrium enthält. Es ist daher auch für Babynahrung geeignet.

Christinen-Brunnen hat auch eine weitere Neuerung eingeführt: Mineralwasser in Tetra-Kartons.

www.christinen-brunnen.de

Rheinfelsquelle

Herkunft:
Duisburg-Walsum

Mineralisierung:
- deutlich, aber ausgewogen; ausgeprägter Natriumwert

Geschmack:
- markanter, kräftiger Geschmack; durchaus intensiv
- zu erhalten als Klassik (viel Kohlensäure), Feinperlig (Medium) und Urquell (stilles Mineralwasser) sowie in der Gastronomie als Extra-Feinperlig

Besonderheiten:
Mitten im Ruhrgebiet, zwischen Tagebau und Untertageabbau, hat sich ein natürliches Kleinod erfolgreich gehalten. 300 Meter tief in der Erde liegt die Quelle, die regional einen besonders großen Stellenwert hat und zudem die größte Quelle in Privatbesitz ist.

Durch seine ausgeprägte Mineralisierung ist Rheinfelsquelle ein geeignetes Wasser für den Sportler, denn es gibt ihm zurück, was er zuvor verbraucht hat.

www.rheinfelsquelle.de

Rheinland-Pfalz

Apollinaris

Herkunft:
Bad Neuenahr-Ahrweiler

Mineralisierung:
- spürbar deutlich; hoher Natriumwert

Geschmack:
- sehr intensiv und leicht salzig; ideal für Sport
- Apollinaris bekommt man als Classic (viel Kohlensäure), Medium (wenig Kohlensäure), Silence (ohne Kohlensäure) sowie in der Gastronomie als Selection und Silence

Besonderheiten:
Durch seinen hohen Mineralstoffgehalt ist es ideal als Nahrungsergänzung, da es den Körper optimal versorgt. Sein typischer Geschmack macht es bei seinen Anhängern äußerst beliebt, und es ist wohl eines der bekanntesten Wässer Deutschlands.

www.apollinaris.de
www.apollinaris-schweppes.de

»Alles ist aus dem Wasser entsprungen! Alles wird durch das Wasser erhalten!«

Goethe

Brohler

Herkunft:
Brohl

Mineralisierung:
- deutlich ausgeprägte Mineralstoffverteilung; sehr hoher Natriumwert

Geschmack:
- salzig und leicht metallisch, aber äußerst erfrischend; ein Wasser mit lebhaftem Eigengeschmack
- angeboten wird Brohler als Classic (viel Kohlensäure) und Medium sowie beide Produkte als Gourmetlinie in einer bordeauxflaschenähnlichen Form

Besonderheiten:
Der hohe Magnesiumwert wirkt Stress entgegen und versorgt die Muskulatur, damit es nicht zu Krämpfen kommt. Das Wasser ist also ein optimaler Erfrischer für die Mittagszeit, da mittags das größte Defizit an Mineralstoffen besteht und unsere Kreislaufkurve nach unten zeigt. Auch und gerade für Sportler ist das Wasser absolut passend.

Gerolsteiner

Herkunft:
Gerolstein

Mineralisierung:
- hohe und ausgewogene Mineralstoffverteilung mit hohem Calciumwert

Geschmack:
- intensiv und fein herb, mildsäuerlich im Geschmack, sehr erfrischend
- Gerolsteiner ist erhältlich als Sprudel (mit viel Kohlensäure) und als Stille Quelle; Beide Mineralwässer werden als Gastro-Edition in der exklusiven Gourmetflasche angeboten.

Besonderheiten:
Durch den hohen Calciumanteil ist Gerolsteiner überaus geeignet für junge Familien, Sportler und ältere Menschen. Ein hoher Hydrogencarbonatwert sorgt dafür, dass das Wasser besonders bekömmlich ist.

Gerolsteiner Naturell ist aus einer weiteren Quelle. Das kohlensäurefreie Mineralwasser eignet sich durch seinen besonders niedrigen Natrium- (12g/Liter) und Mineralstoffgehalt bestens für die Zubereitung von Babynahrung, für Schwangere und Kleinkinder und zum Einsatz bei natriumarmen Diäten.

www.gerolsteiner.com

Sachsen

Bad Brambacher

Herkunft:
Bad Brambach

Mineralisierung:
- gemäßigte, harmonische Mineralisierung
- natriumarm, geeignet für Babynahrung

Geschmack:
- weicher und sanfter Geschmack
- erhältlich als Spritzig (viel Kohlensäure), Medium (wenig Kohlensäure) und Naturell sowie, bei allen drei Sorten, in der exklusiven Gourmetflasche

Besonderheiten:
1861 wurde die Quelle beim Torfstechen entdeckt und wieder zugeschüttet. Erst 30 Jahre später wurde sie wieder freigelegt und seitdem zur Gewinnung von Mineralwasser genutzt.

Bis heute ist Bad Brambacher eher ein regionales Wasser geblieben, doch das kann sich schon bald ändern. Die feine Mineralisierung und der geringe Natriumgehalt machen es zu einem talentierten Allrounder, der sich auch bestens als Begleiter von Speisen und Getränken eignet.

www.bad-brambacher.de

Mineralquelle Bad Brambacher
Von der Natur zum Menschen

Margon

Herkunft:
Burkhardswalde

Mineralisierung:
- dezent mineralisiert, nur der Sulfatgehalt ist beachtlich

Geschmack:
- erfrischend, angenehm und fein säuerlich im Geschmack
- erhältlich als Classic (viel Kohlensäure), Medium (wenig Kohlensäure) und Still; in der Gastronomie ist Margon ebenfalls als Classic, Medium und Still vertreten

Besonderheiten:
Sachsens Klassiker und uneingeschränkte Nummer eins. Aus der Gastronomie ist Margon nicht mehr wegzudenken und hat sogar schon überregional einige Bedeutung erlangt. Seine Feinheit und Bekömmlichkeit machen Margon auch bei Familien sehr beliebt.

www.margon.de

Sachsen-Anhalt

Blankenburger Wiesenquell

Herkunft:
Blankenburg

Mineralisierung:
- dezente, feine Mineralisierung mit ausgeprägtem Calcium- und Sulfatgehalt
- natriumarm, geeignet für Babynahrung

Geschmack:
- angenehm herb und leicht metallisch, sehr erfrischend im Geschmack
- erhältlich als Spritzig (viel Kohlensäure) und Medium (wenig Kohlensäure); in der Gastronomie gibt es beide Vertreter auch in einer eleganten Ausstattung

Besonderheiten:
Das Blankenburger Wiesenquell ist ein hervorragendes Familienwasser, das durch seine Unaufdringlichkeit den Geschmack vieler Menschen trifft. Außerdem ist der hohe Sulfatgehalt ein hervorragender Helfer, die Leber von Schadstoffen zu befreien.

www.blankenburger-wiesenquell.de

Gaensefurther Schloss Quelle

Herkunft:
Hecklingen

Mineralisierung:
- harmonische und ausgewogene Mineralisierung mit reichlich Calcium

Geschmack:
- feinwürzig und balanciert, etwas herb
- erhältlich als Classic (viel Kohlensäure), Medium (wenig Kohlensäure) und Naturell sowie als Feinperlig und Naturell in der Designer-Glasflasche

Besonderheiten:
Auch dieses Wasser ist ein typisches Familienwasser, da es keine störenden oder nervigen Aromen mitbringt, aber dennoch ein Eigenleben besitzt. Auch für Freizeitsportler bietet das Mineralwasser eine breite Palette ausgewogener Mineralstoffe, um den Körper bestmöglich zu versorgen.

Bemerkenswert ist das Design der Gastroflasche, das von Luigi Colani kreiert wurde und für neuen Schwung auf dem Markt gesorgt hat.

www.geansefurther.de

Die Perle des
Schwarzwalds
Peterstaler
Gourmet
CLASSIC
SCHWARZWALDPERLE
Peterstaler
MINERALQUELLEN

Schleswig-Holstein

St. Michaelis

Herkunft:
Trappenkamp

Mineralisierung:
- dezent und vornehm ausgewogen

Geschmack:
- frisch und rein, sehr leicht, sehr wohlschmeckend
- erhältlich ist St. Michaelis ausschließlich in der Gastronomie mit der blauen Verschlusskappe (mittlere Kohlensäure) und der silbernen Verschlusskappe (kaum Kohlensäure)

Besonderheiten:
Seine Exklusivität besteht zum einen darin, dass es nur in der Gastronomie erhältlich ist, zum anderen aber auch in seinem äußerst feinen Geschmack. St. Michaelis ist ein ausgesprochenes Gourmet-Wasser, das es verdient, zu einem guten Essen mit edlen Tropfen getrunken zu werden. Das sollten Sie mal versuchen!

www.stmichaelis.de

KAPITEL 8

Andere Länder, andere Wässer

Den wahren Geschmack des Wassers erkennt man in der Wüste.

Jüdisches Sprichwort

Nicht überall auf der Welt ist Wasser so gesund wie bei uns. Wenn man aber Fremdes und Neues ausprobieren will, dann sind fremdländische Wässer in jedem Fall eines: spannend!

In anderen Ländern gelten andere Kriterien für Wasser, aber dennoch haben alle eines gemeinsam: Möglichst rein und natürlich soll das Wasser sein. Hier werden Sie einige interessante bekannte und weniger bekannte ausländische Wässer und ihre prägnantesten Eigenschaften kennen lernen.

Im Folgenden wird die Abkürzung »TDS« verwendet. Sie bedeutet »Total Dissolved Solids« – »gesamte gelöste Feststoffe«, also alle Mineralstoffe, die im Mineralwasser enthalten sind. Die gebräuchliche Einheit ist mg/l (Milligramm pro Liter). Zur Erinnerung: 1000 mg entsprechen 1 Gramm (g). In anderen Ländern der Welt liegt der TDS nur selten so hoch wie in Deutschland. Das liegt daran, dass es in Mitteleuropa eine Vielzahl von Gebirgen mit ihren günstigen Gesteinsformationen gibt. Liegt der TDS zwischen 0 und 100, spricht man von einem mineralstoffarmen Wasser, liegt er zwischen 100 und 500, dann sind genügend Mineralstoffe enthalten, um den Körper ausreichend zu unterstützen und den Wasser- und Mineralstoffhaushalt positiv zu beeinflussen. Bei einem TDS von 500 bis 1500 hat das Wasser positive ernährungsphysiologische Wirkungen und kann gezielt Defizite im Körper ausgleichen. Diese Art von Wässern eignet sich besonders gut als Alltagswasser, weil sie kein spezielles Bewusstsein in puncto Ernährung voraussetzen und für die gesamte Familie verwendbar sind. Alles, was über diesem Wert liegt, kann als Heilwasser betrachtet werden und sollte nicht in übermäßigen Mengen unkontrolliert konsumiert werden.

Australien

Hartz Spring Water

Herkunft:
Region Huon, Tasmanien

Analysewerte:

TDS:	400
Natrium:	35
Sulfate:	28

Erhältlich in Still und Sparkling, jedoch nur in PET-Flaschen.

Ein eher neutrales Wasser mit leicht süßlichen Anklängen; sehr unkompliziert.

www.hartz.com.au

Fidschi

FIJI Water Spring Water

Herkunft:
Nakauvadra Mountains, Viti Levu

Analysewerte mg/l:
TDS: 210
Kieselsäure: 85
Calcium: 17
natriumarm

Das stille »Heilwasser« aus der Südsee ist besonders gesundheitsfördernd, da es sich positiv auf das Immunsystem und das zentrale Nervensystem auswirkt, außerdem stärkt es Bindegewebe und Knorpelaufbau und unterbindet die Auswirkungen von Aluminium im Körper. Nach langer Reise durch Vulkangestein tritt FIJI Water durch eine artesische Quelle zutage. Es wird – wie die meisten Wässer weltweit – nur in PET-Flaschen angeboten und hat einen leicht muffigen Nachgeschmack.

www.fijiwater.com

Frankreich

Chateldon 1650
Eau minérale naturelle gazeuse

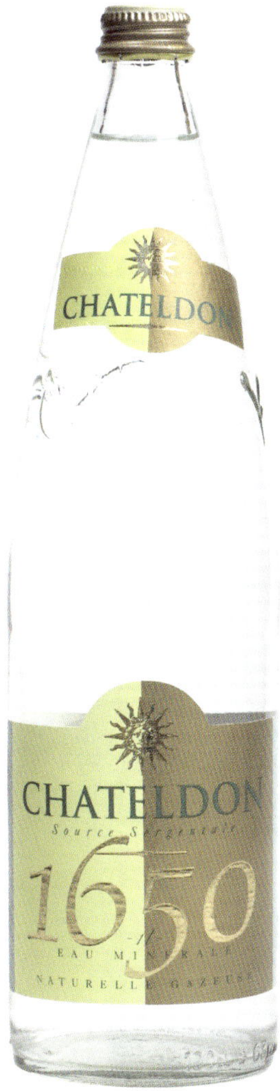

Herkunft:
Chateldon, Département du Puy de Dome

Analysewerte mg/l:

TDS:	1882
Calcium:	383
Natrium:	240

Chateldon ist feinperlend und geschmacklich ausgewogen harmonisch. Trotz des hohen Mineralstoffgehalts passt es bestens zum Essen und zum Wein und begleitet elegant durch einen schönen Abend.

Schon Ludwig XIV., der »Sonnenkönig«, wusste um die Vorteile dieses erfrischenden Wassers, das seinerzeit das erste war, das für den Transport in Flaschen gefüllt wurde.

Informationen unter der Web-Adresse des Städtchens Chateldon: www.chateldon.fr

Perrier Natürliches Mineralwasser

Herkunft:
Vergeze, in der Nähe von Nîmes

Analysewerte mg/l:

TDS:	475
Calcium:	147,3
Chlorid:	21,5

Perrier ist eines der wenigen Wässer, die mit der gleichen Menge an natürlicher Quellkohlensäure versetzt werden, wie sie auch zur Oberfläche sprudeln. Also alles natürlich.

Außer in Glasflaschen wird es auch in PET-Flaschen und Dosen angeboten – leichte geschmackliche Abweichungen sind deshalb nicht auszuschließen.

Das Aroma ist intensiv und leicht metallisch und auch wegen der deutlichen Kohlensäure nur bedingt zum Essen am Abend geeignet. Tagsüber jedoch ist Perrier der passende Muntermacher.

www.perrier.de

Vichy-Célestins Natürliches Mineralwasser

Herkunft:
Vichy, Departement de l'Allier

Analysewerte mg/l:

TDS:	3325
Natrium:	1172
Chlorid:	235
Sulfat:	138
Calcium:	105

Vichy-Wasser ist wohl das Mineralwasser mit dem höchsten Gehalt an gelösten Mineralstoffen. Eine milde Kohlensäure verleiht ihm etwas Beschwingtheit, und durch den hohen Gehalt an natürlichem Natriumchlorid eignet es sich bestens zur Zubereitung in der Diät-Küche. Man braucht kein Salz und kaum Fett, da ausreichend Geschmacksstoffe ans Essen abgegeben werden. Leider ist es nur in der PET-Flasche erhältlich.

Vichy ist wirklich ein Wasser für Liebhaber und gesundheitsbewusste Menschen. Der Geschmack ist durch die Mineralstoffe sehr ausgeprägt, daher ist es als Essensbegleiter nicht geeignet.

www.vichy-celestins.com

Vittel Natürliches Mineralwasser

Herkunft:
Vittel, Vogesen

Analysewerte mg/l:
TDS: 841
Sulfat: 306
Calcium: 202
natriumarm, geeignet für Babynahrung

Dieses stille Mineralwasser ist ein absoluter Allrounder, denn die angemessen hohen Mineralstoffwerte machen es zu einem idealen Weggefährten durch den Tag. Es eignet sich sowohl für die ganze Familie als auch für intensive Hobby-Sportler. Erhältlich ist es in der Glas- und in der PET-Flasche.

Geschmacklich ist Vittel eher neutral, vielleicht etwas bitter im Nachgeschmack. Es ist absolut für den Abend und die Nacht geeignet, auch Babynahrung lässt sich damit bestens zubereiten.

www.vittel.de

Volvic Natürliches Mineralwasser

Herkunft:
Nationalpark Auvergne, Zentralfrankreich

Analysewerte mg/l:

TDS:	130
Kieselsäure:	31,7
Chlorid:	13,5
Calcium:	11,5

natriumarm, geeignet für Babynahrung

Volvic – vulkanischen Ursprungs – ist der Marktführer unter den stillen Mineralwässern. Es kann vielseitig verwendet werden und ist auch für die natriumarme Ernährung geeignet. Jedoch sollte man bedenken, dass der Gesamtmineralgehalt sehr niedrig ist und somit nur bei einer ausgewogenen Ernährung zur optimalen Versorgung beiträgt.

Geschmacklich ist Volvic etwas eigenwillig, denn der Nachgeschmack ist deutlich bitter und trocknet die Zungenoberfläche nach dem Schlucken fühlbar aus, so dass das typische Erfrischungsgefühl oft ausbleibt.

www.volvic.de

Griechenland

Ioli Natürliches Mineralwasser

Herkunft:
Moskhokhorion, Berg Oiti

Analysewerte mg/l:

TDS:	400
Calcium:	54,1
Magnesium:	31,5
natriumarm	

Ioli ist ein griechischer Exportschlager und wird in mehr als zehn Länder exportiert. Bei uns wird es hauptsächlich in der Gastronomie angeboten, ist aber auch bei gut sortierten Händlern zu finden. Sie haben die Wahl zwischen stillem und sprudelndem Wasser.

Ioli ist ein angenehmer Essensbegleiter, da keiner der Mineralstoffe deutlich überwiegt.

www.ioliwater.com

Großbritannien

Highland Spring Natural Mineral Water

Herkunft:
Ochil Hills, Perthshire, Schottland

Analysewerte mg/l:

TDS:	136
Calcium:	36
pH:	7,8

natriumarm

Eines der spannendsten Wässer von der Insel, das mit und ohne Kohlensäure angeboten wird. 15 Jahre fließt das schottische Regenwasser durch Sand und Basalt, bevor es an die Oberfläche kommt und sowohl in Glas- als auch in PET-Flaschen abgefüllt wird.

Durch den leicht basischen pH-Wert ist das Wasser für magenempfindliche Weißweintrinker besonders empfehlenswert, da es die Säure im Magen bindet. Im Aroma ist es deutlich ausgeprägt und dabei etwas metallisch. Man könnte fast sagen, dass man die raue Natur Schottlands schmecken kann.

www.highlandspring.com

Hildon Spring Water

Herkunft:
Hildon Estate, Hampshire

Analysewerte mg/l:
TDS: 312
Calcium: 97
Chlorid: 16
natriumarm

Das wohl bekannteste Wasser Großbritanniens ist in zahlreichen Gourmettempeln weltweit zu finden, mit und ohne Kohlensäure. Durch intensives Marketing hat es sich seit seiner Entdeckung innerhalb von nur 16 Jahren zu einem der populärsten Wässer hochgearbeitet.

Qualitativ ist Hildon ganz oben anzusiedeln, als Ergänzung zum Essen eignet es sich hervorragend. Es schmeckt fein und wenig aufdringlich, so dass Wein und Speisen optimal zur Geltung kommen. Für den täglichen Bedarf sollte man aber auf ein Wasser mit höheren Mineralstoffwerten zurückgreifen.

www.hildon.com

Ty Nant Artesisches Mineralwasser

Herkunft:
Bethania, Wales

Analysewerte mg/l:

TDS:	165
Natrium:	22
Calcium:	22

Bekannt durch das blaue Äußere hat Ty Nant schon oft zu Dekorationszwecken den Weg in unsere Wohnungen gefunden. In der markanten Tropfenform hat es sich in unseren Köpfen festgesetzt. Aber es gibt das Wasser auch in einer roten Glasflasche und in einer formschönen PET. Angeboten wird es sowohl still als auch mit Kohlensäure.

Der Geschmack ist ausgeprägt und wird vom Natriumchlorid bestimmt, dennoch schmeckt Ty Nant angenehm und überaus harmonisch.

www.tynant.de

Italien

Coralba Natürliches Mineralwasser

Herkunft:
Fonti San Damiano, Piemont

Analysewerte mg/l:

TDS:	203
Calcium:	54
Magnesium:	21
natriumarm	

Ein exzellentes Wasser aus den italienischen Alpen, in Deutschland exklusiv im Einsatz für die Gastronomie. Geschmacklich präsentiert sich das Wasser sehr ausgewogen und harmonisch und ist deshalb sowohl still als auch sprudelnd der passende Essensbegleiter.

Außerdem ist der Natriumgehalt von Coralba so gering, dass er kaum nachweisbar ist. Damit lässt es sich bestens für Babynahrung und für Schonkost einsetzen. Abgefüllt wird Coralba ausschließlich in Glasflaschen.

www.coralba.de

»Zu viel kann man wohl trinken, doch nie trinkt man genug.«

Gotthold Ephraim Lessing

San Pellegrino Natürliches Mineralwasser

Herkunft:

San Pellegrino Terme, Bergamo

Analysewerte mg/l:

TDS:	1109
Calcium	208
Chlorid:	74,3
Natrium:	43,6

Der Klassiker unter den internationalen Restaurant-Wässern. Nicht nur beim Italiener nebenan, sondern überall, wo man geht und steht, bekommt man San Pellegrino – meist in der Glasflasche, manchmal aber auch in der PET. Die Kohlensäure wird von vielen als mild empfunden, ist aber durchaus sehr deutlich vorhanden.

Durch die hohe Mineralisation des Wassers hat es einen deutlichen Eigengeschmack, und der kann manchmal sogar störend wirken. Deutlich schmeckbar ist der hohe Chloridgehalt, der für den geübten Gaumen metallisch und nervig erscheint. Zu leichten Weinen zeigt sich das Wasser ebenfalls höchst dominant. Dennoch ist es ein hervorragender Erfrischer.

www.sanpellegrino.de

Solé Natürliches Mineralwasser

Herkunft:
Nurolento, Piemont

Analysewerte mg/l:

TDS:	412
Calcium:	108
Kalium:	43
Magnesium:	31.1

In Deutschland ist Solé eher unbekannt, dennoch ist es ein wirklich beachtliches Wasser. Der hohe Calcium-Wert fördert den Aufbau von Knochen und Zähnen und der Kalium-Wert ist pure Energie für unsere Muskeln. Es wird als stilles und leicht mit Kohlensäure versetztes Wasser in der Glasflasche angeboten.

Geschmacklich ist Solé kräftig aromatisch unter den vielen neutralen Wässern. Es hat einen leicht süßlichen Anklang und ist nahezu frei von Natrium und Chlor. Ein interessantes Familienwasser – gut für Jung und Alt.

www.solewater.com

Japan

Finé Artesisches Wasser

Herkunft:
Shuzenji, Halbinsel Izu

Analysewerte mg/l:
TDS: 140
Kieselsäure: 76,2
natriumarm

Der absolute Newcomer in der Wasser-Szene, der sich gleich entsprechend mit Image und Design präsentiert. Finé ist erst seit 1998 auf dem Markt.

Nach Fidschi und Italien ist Japan der dritte Vertreter, der kieselsäurereiches Wasser anbietet. Auch hier liegt der gesamte Gehalt der Mineralstoffe im unteren Bereich, aber die Kieselsäure fördert wesentlich die Gesundheit bei entsprechend bewusster Ernährung.

Zum Essen eignet sich Finé bestens, denn wenig Eigenaroma und fehlende Kohlensäure verleihen dem Wasser die nötige Distanz.

www.drinkfine.com

Kanada

Canada Geese Carbonated Mineral Water

Herkunft:
Spa Springs, Nova Scotia

Analysewerte mg/l:
TDS: 137
Natrium: 28,08
Kalium: 2
natriumarm

Ein Wasser mit sehr feiner und dezenter Kohlensäure. Es schmeckt sehr leicht und frisch und eignet sich bestens als Speisenbegleiter.

Kontakt: Spa Springs Mineral Water Co. Ltd.

Neuseeland

Antipodes Spring Water

Herkunft:
Rotola Hills, North Island

Analysewerte mg/l:
Leider stellt der Produzent keine Analyse zur Verfügung – wir arbeiten daran.

Antipodes war die geeignete Antwort auf den Umstand, dass man in Restaurants in Neuseeland kein einheimisches Mineralwasser bestellen konnte, das höchsten geschmacklichen und optischen Anforderungen standhielt.

Letztendlich hat man ein modisches Outfit mit frischem, reinem und neutralem, aber dennoch elegantem Wasser vermählt und so eine heimische Innovation geschaffen. Die Form der Flasche ist an die typische Form von Sherry- und Bierflaschen angelehnt.

www.antipodeswater.co.nz

KAPITEL 10

Bekenntnisse eines Wassersommeliers

Eigene Vorlieben bringen im Leben stets das größte Vergnügen. Man sollte davon keine Abstriche machen.

Bei so vielen verschiedenen Mineralwassersorten fängt man früher oder später an, einige zu bevorzugen und andere zu vernachlässigen. Man stellt positive Einflüsse und Zusammenhänge fest, ebenso wie man die Erkenntnis gewinnt, dass nicht jedes Wasser einen passenden Partner findet.

Wenn man abends im Restaurant beim Essen sitzt und mehrere erlesene Gänge genießt, sollte man sich auch beim Wasser auf keinen Kompromiss einlassen. Vielleicht kennen Sie ja die Situation: Sie haben sich für ein sehr kohlensäurehaltiges Wasser zu Ihrem Mahl entschieden und während des Essens müssen Sie ständig aufstoßen. Tipp: Trinken Sie begleitend zum Menü stets stilles Wasser, oder, wenn Ihnen das zu langweilig erscheint, greifen Sie zu einem Mineralwasser mit wenig Kohlensäure.

Je nach Speisenzusammenstellung empfiehlt es sich hin und wieder auch auf die Zusammensetzung der Mineralien zu achten. Bei einem leichten und feinaromatischen Fischmenü sollten Sie auf einen hohen Mineralstoffgehalt eher verzichten und ein zartes, feines Wasser bevorzugen. Bei kräftigen Fleischgerichten darf es dagegen gerne auch ein »kräftiges« Wasser sein. Versuchen Sie es doch einfach mal und trinken Sie zu einem längeren Essen mehrere verschiedene Mineralwässer – durchaus auch direkt nebeneinander. Das sorgt garantiert für Gesprächsstoff und das Ergebnis wird Sie verblüffen. Auch Sie können dann die Unterschiede ganz genau erkennen und auch nachvollziehen.

Ein guter Rat für Weingenießer: Trinken Sie die gleiche Menge Wasser wie Wein, und nach dem Wein noch zwei Gläser Wasser extra. Das hilft, die Schleimhäute im Mund auszuspülen – so wird nicht die ganze Menge Alkohol direkt auf den Weg in die Blutbahn transportiert. Das regt auch die Nierentätigkeit an und der Reinigungsprozess des Organismus beginnt früher. Das kann so manchem am nächsten Morgen den Kater ersparen, denn die Kopfschmerzen kommen nicht selten von der Dehydrierung durch den Alkohol. Wirkt man dieser entgegen, ist man seinen Mittrinkern mindestens eine Nierenlänge voraus.

Zu meinen persönlichen Vorlieben beim Mineralwassergenuss gehört zunächst einmal eine ganz bestimmte Verpackung: die Glasflasche. Jetzt werden mich einige für konservativ und altmodisch halten. Es sind aber ganz einfach persönliche Erfahrungen und nicht zuletzt auch offizielle Tests, wie zum Beispiel von der

Stiftung Warentest, die mich veranlasst haben, privat immer weniger PET zu verwenden.

Bisher ist zwar nicht wissenschaftlich nachgewiesen, inwieweit sich der so genannte Acetaldehyd aus den Plastikflaschen löst. Auch ist keine Gesundheitsgefährdung erkennbar. Tatsache ist aber, dass Mineralwässer aus Plastikflaschen deutlich geschmacklich beeinflusst sein können. Bei Glasflaschen kann diese geschmackliche Beeinträchtigung nicht entstehen.

Es ist ratsam, über den ganzen Tag verteilt Mineralwasser zu trinken – kontinuierlich. Ihr Körper hat mehr davon, wenn Sie genüsslich und stetig Wasser konsumieren, anstatt nur zweimal am Tag und dann im Übermaß. Ihr Verdauungstrakt kann nämlich pro Stunde nur etwa 800 ml Flüssigkeit aufnehmen und verarbeiten. Daher bringt es wenig, alles auf einmal zu erledigen. Wer kann auch schon 2–3 Liter auf einen Zug trinken?

Positionieren Sie Ihr Wasser so, dass Sie es stets im Blick haben, dann werden Sie automatisch erinnert, öfter mal zu trinken. Auch ein volles Glas kann zum Trinken verleiten. Füllen Sie daher Ihr Glas immer wieder auf. Ihre Trinkgewohnheiten können so ganz schnell zu einem automatischen Reflex werden.

Ratsam ist es auch, »Rituale« einzuführen. Zum Beispiel ein Glas Wasser nach dem Aufstehen trinken oder vor der Mittagspause oder auch vor dem Zubettgehen. Wählen Sie Situationen aus, die jeden Tag wiederkehren und die Sie sich gut einprägen können, ohne auf die Uhr oder den Wecker zu achten. Anhand einer kleinen Checkliste können Sie Ihre Gewohnheiten und den tatsächlichen Tageskonsum kontrollieren und genau festhalten, wie viel Sie getrunken haben. Keine Sorge, diese Vorgehensweise muss nicht ewig andauern. Schon bald haben Sie Ihren Rhythmus gefunden und können die konsumierte Menge genau abschätzen.

Trinken Sie Wasser – und bleiben Sie gesund!

Man darf sich aber auch nicht gänzlich verunsichern lassen durch Vorgaben zur Trinkmenge, denn fast alle Lebensmittel, die wir konsumieren, enthalten Wasser. Ihr Wasserhaushalt ist also nicht unbedingt oder sofort im Ungleichgewicht, falls Sie nicht die empfohlene Menge Wasser getrunken haben.

Zur Lust am Wassertrinken gehört es auch, sich einmal anzusehen, wo so ein Wasser eigentlich herkommt. Alle – na ja, fast alle – Mineralbrunnenbetriebe zeigen Ihnen und Ihrer Familie gerne, wie das Wasser, das Sie am liebsten trinken, vom Brunnen in die Flasche kommt. Dieser Prozess ist nicht nur unheimlich faszinierend, sondern kann auch dazu führen, das Interesse Ihres Nachwuchses dahingehend zu fördern, nicht immer nur gesüßte Limo zu trinken. So kann Spaß mit Lernen und gesunder, bewusster Ernährung verbunden werden.

In meinen Augen ist Mineralwasser ein Produkt, das an Wertschätzung verloren hat, dessen sich die Menschen aber langsam wieder zu besinnen beginnen. Nicht nur, dass Wasser Mangelerscheinungen ausgleichen kann, es kann durch die positive Mineralisierung diese sogar beheben und beseitigen. Außerdem ist Wasser ähnlich wie Wein polarisierend und obendrein äußerst kommunikationsfördernd, wenn man einen Standpunkt zu seinem Wasser hat und diesen auch verteidigt und mit anderen austauscht. So gesehen kann Wasser als ein Stimulans erster Güte betrachtet werden. Es belebt den Körper, regt den Geist an und versetzt uns in spürbar bessere Stimmung, und das alles ohne berauschende und gesundheitsgefährdende Substanzen und Nebenwirkungen.

Trinken Sie also Wasser – und bleiben Sie gesund!

KAPITEL 11

Das passende Wasser in jeder Lebenslage

Wasser ist nicht gleich Wasser – eine These, mit der sich jeder selbst auseinander setzen sollte, um ihre Wahrhaftigkeit festzustellen.

Man greift zur Wasserflasche, trinkt sie einfach aus und denkt nicht weiter darüber nach. Dies ist ein angeborener Instinkt zum Ausgleichen des körpereigenen Wasserhaushalts. Tatsächlich lohnt es sich aber, diesen scheinbar unbewussten Trinkvorgang zu hinterfragen. Kann man Wasser auch »bewusst« trinken?

Die meisten Menschen wissen, dass der Körper zu unterschiedlichen Tageszeiten unterschiedliche Bedürfnisse aufweist, welche die Ernährung betreffen. Dennoch gibt es nicht allzu viele Leute, die genau aus demselben Grund verschiedene Mineralwässer konsumieren. Dabei ist es durchaus sinnvoll, sich von verschiedenen Sorten Wasser durch den Tag begleiten zu lassen.

Am Morgen besteht die Notwendigkeit, dem Körper eine relativ große Menge Wasser zuzuführen, die man durch nächtliches Schwitzen verloren hat. Aber: Haben Sie schon mal versucht, direkt nach dem Aufstehen auf nüchternen Magen eine ganze Flasche Wasser auf einmal zu trinken? Die dann im schlechtesten Fall noch eine Unmenge an Kohlensäure enthält? Da ist der Tag doch schon gelaufen, bevor er überhaupt begonnen hat!

Man sollte den Tag mit einem *sanften und recht neutralen Wasser* beginnen. Das bereitet den Organismus optimal auf den Tag vor. Achten sie darauf, dass das Wasser *wenig* Kohlensäure enthält. Außerdem ist es ratsam, auf einen ausgeglichenen, niedrigen Mineralstoffspiegel zu bestehen. Ein solches Wasser gibt dem Körper alle notwendigen Substanzen, um optimal in den Tag zu starten.

Mittags hingegen ist es angebracht, ein Wasser zu trinken, das den Körper optimal erfrischt und somit den Kreislauf positiv anregt. Nach der ersten Hälfte eines Arbeitstages laufen die Kraftwerke unseres Organismus auf Hochtouren. Ein enormer Verbrauch an Nährstoffen findet statt. Ein Auffüllen der sich leerenden Reservoires wird notwendig. Das lässt sich am besten erreichen, wenn man zum Lunch ein Wasser trinkt, das möglichst *viel Kohlensäure* enthält. Außerdem kann sich ein *hoher Natriumwert* positiv auswirken, um den Salzhaushalt im Körper zu regulieren und wieder ins Gleichgewicht zu bringen. Ein solches Wasser wird auch kleine Durchhänger vor dem wohlverdienten Feierabend ausgleichen.

Am Abend beginnt für viele der ruhige Teil des Tages (Ausnahmen bestätigen die Regel). Wenn Sie die Moglichkeit haben, einen ruhigen Abend zu verleben, der

von gutem Essen und tollen Weinen begleitet wird, empfiehlt sich *ein Wasser ohne große Eigendynamik*. Das Wasser sollte ein wenig gekühlt sein und seine Rolle dezent im Hintergrund spielen. Es muss den Gaumen immer wieder erfrischen und die Geschmacksknospen zwischen jedem Gang wieder auf Vordermann bringen. Dabei sollte es *so neutral wie möglich* sein. Eine *sehr feine und kaum spürbare Kohlensäure* ist zweckmäßig, da dann auch der Magen nicht unnötig aufgewühlt wird.

Wer gerne etwas mehr Alkohol konsumiert, sollte dementsprechend auch reichlich Wasser trinken – man bleibt länger fit und hat am nächsten Morgen seltener einen Kater.

Für den späten Abend und die Nacht sollten Sie wieder ein stilles Mineralwasser bevorzugen. Der Zweck, den das Wasser erfüllen soll, ist lediglich das Löschen von Durst. Es soll aber auf keinen Fall den Kreislauf anregen oder gar ankurbeln – schließlich wollen Sie zur Ruhe kommen. Die Zusammensetzung des Mineralstoffgehalts ist hier ganz Ihren Vorlieben überlassen.

Schwangere und stillende Frauen sollten ein Wasser auswählen, dessen Kohlensäuregehalt möglichst dezent ist – am besten eignen sich *stille Wässer*. Auch ist es ratsam, die Zusammensetzung der Mineralstoffe genauer zu betrachten. *Natriumarm* ist angebracht, Calcium und Magnesium hingegen sind wünschenswert. In der Regel kann man sich auf den Hinweis »geeignet für die Zubereitung von Säuglingsnahrung« verlassen.

Was viele nicht wissen: Bei Stillkindern kann die Ernährung und eben auch das Trinkverhalten der Mutter Einfluss auf die Verdauung des Säuglings haben. Ein »falsches« Mineralwasser kann unter Umständen das Baby mit Blähungen und Bauchschmerzen quälen.

Je mehr der Brunnen gebraucht wird, je mehr gibt er Wasser.

Deutsches Sprichwort

Auf Partys ist es ratsam ein Wasser zu trinken, das belebt und optimal für den Mineralstoffhaushalt unseres Körpers sorgt. Ein rasantes und turbulentes Wasser kann nicht schaden, um den Abend – oder die Nacht – beliebig zu verlängern. Zu bedenken ist jedoch, dass ein stark gekühltes Wasser eher zu Unwohlsein führt, da unser Körper in Tanz- und Flirtlaune meist höhere Temperaturen aufweist und *zu* kalte Getränke zu einer Schwächung des Kreislaufs führen können.

Passende Getränke zum Sport sind außer Mineralwasser auch Fruchtsaftschorlen. Sie bilden in diesem Fall die optimale Verbindung zwischen Mineralstoffen, Vitaminen und Flüssigkeitsregulierung. Unmäßig viel Kohlensäure ist eher unangenehm, da sie nach sportlicher Betätigung meist als beißend empfunden wird. Empfohlen wird ein natriumreiches Mineralwasser, das den Kreislauf stabilisiert, mit reichlich Magnesium, das vor Muskelkrämpfen schützt.Nach der körperlichen Anstrengung ist es auch in diesem Fall sinnvoll, das Getränk nicht zu kühl zu sich zu nehmen.

Alles auf einen Blick:

Tageszeit	Kohlensäuregehalt	Mineralstoffgehalt
morgens	*medium*	*ausgewogen, gering*
mittags	*hoch*	*hoch*
abends	*gering*	*gering*
nachts	*still*	*nach Belieben*

Lebenslage	Kohlensäuregehalt	Mineralstoffgehalt
schwangere und stillende Frauen sowie Säuglinge	*still, medium*	*möglichst natriumarm, mit ausreichend Calcium und Magnesium*
ältere Menschen	*egal*	*hoch, vor allem viel Calcium*
Patienten mit Bluthochdruck oder Herzproblemen	*still bis medium*	*natriumarm*
Menschen in depressiven Phasen	*egal; Hauptsache, sie trinken viel*	*auch egal; Hauptsache, sie trinken viel*
auf Partys	*hoch*	*nach Belieben, eher hoch*
beim Sport	*medium*	*möglichst hoch, Natrium ist wünschenswert*

KAPITEL 12

Trinken Sie sich schlank!

gesagt: Kaffee, schwarzer Tee und alkoholische Getränke können Flüssigkeitsräuber sein, vor allem, wenn Sie nicht Gewohnheitstrinker sind. Das heißt: Sie können dem Körper Flüssigkeit entziehen, eine harntreibende Wirkung haben und Ihre Trink-Bilanz verschlechtern.

Wer auf seine Figur achten und gesundheitsbewusst leben möchte, sollte um Limo, Cola und ähnliche Getränke einen großen Bogen machen. Auch sollten Sie die Finger von den so genannten »Durstlöschern« lassen. Eistee und viele Obstsäfte enthalten viel zu viel Zucker. Stattdessen sollten Sie frisch gepresste Fruchtsäfte, Früchte- und Kräutertees und – natürlich – Mineralwasser trinken. Gekaufte Säfte entschärfen Sie kalorienmäßig am besten durch Verdünnung mit Mineralwasser zur Schorle.

Fazit

Solange Sie nicht bereits zum Frühstück eine Tafel Schokolade mit Streichkäse vertilgen, können Sie bereits mit einer Umstellung Ihrer Trinkgewohnheiten erhebliche Fortschritte bei der Gewichtsreduzierung erzielen!

KAPITEL 13

Wasser: einsam oder zweisam?

Nur exzellente Ausgangsprodukte garantieren auch ein tolles Endprodukt – das gilt auch bei der Verwendung von Mineralwasser.

Selbstverständlich glänzt Mineralwasser im klassischen Sinne als durstlöschender Solist. Doch das ist nur die halbe Wahrheit über ein Getränk, das viele Kombinationsmöglichkeiten zulässt. Das soll nicht heißen, dass Sie gleich beim nächsten Bar- oder Restaurantbesuch jedes Wasser einer Zwangsfusion oder schlimmer noch einer feindlichen Übernahme aussetzen sollen. Es geht hier vielmehr um ein friedliches Nebeneinander von Mineralwasser und anderen verträglichen Tropfen. Die Ausnahmen, bei denen es schamlos zu einer gewollten Vereinigung kommt, werden am Ende des Kapitels behandelt.

Wasser und Wein

Hier geht es nicht um »Welches Wasser zu welchem Wein?« oder ein anderes »fortgeschrittenes« Thema. Bei uns geht es um Grundlagen. In Restaurants der mittleren und gehobenen Preisklasse werden Sie zu Ihrem sensationellen Sechs-Gang-Menü in aller Regel einen in Preis und Geschmack angemessenen Wein bestellen – und begleitend dazu eine Flasche Mineralwasser als kulinarisch perfekte Ergänzung zu jedem edlen Tropfen. Und das ist auch gut so, denn zum einen neutralisiert das Wasser die Geschmacksnerven immer wieder aufs Neue und zum anderen gibt es dem Körper die Flüssigkeit zurück, die ihm der Alkoholgenuss entzieht. Nur Puritaner überlassen den Wein einem Schicksal als ewiger Single.

Ganz allgemein kann man sagen, dass sich nicht jedes Mineralwasser gleich gut als unaufdringlicher Wein-Kurschatten eignet. Wollen Sie das geheimnisvolle Aroma des Weines in vollen Zügen genießen, so greifen Sie am besten zu Mineralwasser mit einer möglichst ausgewogenen Mineralisierung.

Je neutraler das Wasser schmeckt, desto besser eignet es sich als Begleiter. Und merke: Je höher der Kohlensäuregehalt des Wassers ist, desto schneller wird der Alkohol ins Blut befördert, und man läuft Gefahr, sich von dieser Promille-Attacke den restlichen Abend nicht mehr zu erholen. Diese Erkenntnis ist auch wichtig für Liebhaber der Weinschorle. Weinschorle hat zwar weniger Alkohol, dafür geht dieser schneller in den Blutkreislauf.

Wasser und Schaumwein

Der anspruchsvolle Kontinentaleuropäer kennt verschiedene Namen für schäumende Weine, je nach An-

baugebiet. Doch egal, ob Sie deutschen Sekt, französischen Champagner, italienischen Prosecco oder spanischen Cava schlürfen, ein Gläschen Wasser zwischendurch schärft Ihre Geschmacksnerven vor jedem weiteren Schluck. Achten Sie darauf, ein Mineralwasser zu verwenden, das wenig störende Mineralstoffe enthält. Für Kohlensäureliebhaber gibt es diesmal keine Einschränkungen.

Wasser und Getreidebrände

Für viele Brände ist Wasser als Löschmittel geeignet. Diesen Satz beherzigen nicht nur Feuerwehrleute, sondern auch alle Russen von Moskau bis Wladiwostok. Zu den goldenen Regeln des Wodkabecherns gehört ein zusätzliches Getränk wie Mineralwasser, das man nach dem Wodka trinkt, um das Brennen herunterzuspülen. Übrigens heißt das russische Wort für »Alkohol trinken« wörtlich übersetzt »austrinken«, was erklärt, dass geöffnete Wodkaflaschen nie in den Schrank zurückgestellt werden und traditionell sowieso nicht wieder verschließbar sind.

Besonders gut passen Wasser und Whiskey zusammen. Schon der Name zeigt deutlich die Affinität der beiden Tropfen. Das Wort Whiskey leitet sich nämlich vom irischen »usice beathe« bzw. vom schottischen »usige beatha« ab und bedeutet »Lebenswasser«. Die Meinungen darüber, ob Whiskey zum Trinken Wasser zugesetzt werden soll oder nicht, gehen allerdings auseinander. Entscheidend ist hierbei sicherlich auch der Alkoholgehalt. Whiskeys mit mehr als 50 Volumen-Prozent Alkohol sind schon eine Herausforderung für Mensch und Gaumen und ohne Zugabe von Wasser häufig zu stark, um sie richtig genießen zu können. Verwenden Sie zum Verdünnen ein qualitativ hochwertiges kohlensäurefreies Mineralwasser. Das mindert die Schärfe des Alkohols und öffnet die feinen Aromen des Whiskeys. Die trinkfesten Iren und Schotten genießen ihren Whiskey, wenn nicht pur, im Verhältnis 1 : 1 mit Wasser verdünnt.

Wasser und Kaffee

»Zwei, die zusammengehören. Caffè und Acqua Minerale – gibt es ein schöneres Paar für einen genüsslichen Abstecher aus dem Alltagstrott?« heißt es in einer kleinen Broschüre, herausgegeben vom italienischen Kaffeeröster Segafredo und dem Mineralwasserprimus San Pellegrino. Nicht nur die Südeuropäer trinken ihren Espresso oder »Cafè solo« in Begleitung, auch der kulti-

»Der Kaffee muss schwarz sein wie der Teufel, heiß wie die Hölle, rein wie ein Engel und süß wie die Liebe.«

Charles Maurice de Talleyrand-Périgord

vierte Österreicher bekommt in Wiener Kaffeehäusern stets ein Glas Wasser zu seiner Tasse Kaffee serviert. Ein leicht mineralisiertes Wasser mit wenig oder gar keiner Kohlensäure belebt die Geschmacksnerven und erhöht den Kaffee-Genuss. Neueste Untersuchungen haben übrigens ergeben, dass Kaffee nicht unbedingt ein Wasserräuber ist. Die übliche Tagesmenge von drei Tassen Filterkaffee oder fünf Tässchen Espresso ist für den Wasserhaushalt von geübten Kaffeetrinkern relativ unbedenklich. Aus Gründen des vollkommenen Kaffeevergnügens empfiehlt es sich jedoch, auf ein wohltemperiertes Mineralwasser nicht zu verzichten. Beim Cappuccino und Caffè Latte darf es auch ruhig etwas mehr Kohlensäure sein.

Wasser und Tee

Leider wird die Bedeutung des Wassers für den Tee in unseren Breiten oft noch unterschätzt. Haben Sie in einen qualitativ hochwertigen Tee investiert, sollten Sie auch auf gutes Wasser achten. Am besten ist frisches, möglichst kalk- und chlorarmes Wasser. Etwas längeres Kochen hilft zwar das Wasser weicher zu machen, aber es besteht die Gefahr, dass man es »totkocht«. Die Folge ist ein kraftloser, langweilig schmeckender Tee.

Zu beachten ist auch eine mögliche Belastung des Trinkwassers mit Blei. Wasser, das längere Zeit in der Leitung steht, löst unter Umständen Blei aus Rohren und Armaturen. Haben Sie schlechte Blutwerte, Nierenstörungen oder gar Probleme mit dem zentralen Nervensystem, liegt das vielleicht ganz einfach am Bleigehalt Ihres Trinkwassers. Bei neueren Armaturen kommt dies allerdings nur dann vor, wenn sie längere Zeit nicht benutzt wur-

den. Kleiner Trick: Lassen Sie das Wasser ein paar Sekunden fließen. Dann kommen auch Rohrablagerungen wie Kupfer, Eisen oder Kalk aus dem Wasserhahn. (Das »verschwendete« Wasser können Sie ja zum Blumen gießen oder Geschirr spülen benutzen.) Wer vom Wasserwerk hartes Wasser eingespeist bekommt, das möglicherweise auch noch durch alte Bleirohre fließt, sollte seinen Tee generell mit Mineralwasser zubereiten. Stilles Wasser mit wenigen Mineralstoffen garantiert die besten Ergebnisse und gestattet dem Naturprodukt Tee, seinen vollen natürlichen Geschmack zu entfalten.

Wasser und Cocktails

It's Cocktail-Time! Geben Sie es zu, darauf haben Sie gewartet. Als Aperitif vor dem Dinner, beim Chill-out-Sound in der Lounge oder auf der Party im P1: Cocktails setzen nicht nur den schönsten Stunden im Leben überbezahlter Randgruppen ein Highlight auf. Von München bis New York, von Punta Arenas bis Reykjavík, ist die gemixte Trinkkultur der totale Trend. Und was haben Gin Fizz, Mojito, Singapore Sling und Tequila Fizz gemeinsam? Richtig, es sind bekannte, erfrischende Cocktails, die mit Wasser gemacht bzw. aufgegossen werden. Ob Tropical Drinks, Fizzes, Daiquiris oder klassische American Drinks und Shortdrinks, ob sweet oder sour, die kreativen Mix-Getränke haben in den letzten Jahren eine Trendwende in unsere Barlandschaft gebracht. Weg von den reinen Harddrinks à la »Schwermatrose« und »Tiefseetaucher«, hin zu fruchtigen und leichteren Cocktails wie Planter's Punch und Cosmopolitan.

Immer beliebter werden auch Kombinationen mit Soda oder stark sprudelndem Mineralwasser. Die Kreationen daraus sind bekömmlich, leicht und erfrischend. Das Wasser dient ausschließlich der Verdünnung, ohne die Aromen der Fruchtsäfte, Sirups und der beigemixten Alkoholika zu vernichten, und hat keine Charakter gebenden Eigenschaften.

Dagegen spielt Mineralwasser in alkoholfreien Cocktails eine tragende Rolle. Während in den alkoholhaltigen Mix-Getränken die jeweiligen Spirituosen und Liköre dafür sorgen, dass das Produkt auch raffiniert schmeckt und die süßen Säfte und Sirups geschmacklich abgerundet werden, kommt eben diese Aufgabe in den Non-Alcoholics dem Wasser zu. Allgemein kann man sagen, dass sich für solche Mix-Getränke am besten Mineralwässer mit viel Kohlensäure und gerne auch reichlich Mineralstoffen eignen. Gibt es etwas, das noch spannender ist, als Charles Schumann oder einem anderen Barkeeper beim perfekten Mixen zuzuschauen? Genau, selbst shaken!

MINERALWASSER-REZEPTE mit Alkohol

Alle Rezepte werden mit Boston Shaker geshakt, außer der Cocktail »Sir Rossi« – er wird im Gästeglas gerührt!

Mix-Anleitung für alle Drinks:

1. Das Mixglas mit 6 Eiswürfeln füllen und die Zutaten laut Rezept kurz und kräftig shaken
2. Den Inhalt mit den Eiswürfeln in das vorgesehene Gästeglas füllen
3. Erst dann das Mineralwasser hinzufügen
4. Vorsichtig mit dem Trinkhalm 2–3 mal umrühren
5. Früchte-Deko nach Belieben

Sir Rossi

3 cl	Gin Gordon´s
2 cl	Vermouth dry Martini
1 cl	Vermouth rosso Martini
2 cl	China Martini
2 cl	Orangensaft
2 St.	Limettenachtel squeezen und hineingeben
▸	Mit dem Barlöffel verrühren
8 cl	Mineralwasser
▸	Mit Trinkhalm leicht umrühren
▸	Mit 1 St. Orangenscheibe und Cocktailkirsche dekorieren

Mexican Sling

4 cl	Tequila gold
4 cl	Mango-Nektar
4 cl	Maracuja-Nektar
1 cl	Erdbeersirup Riemerschmid
2 St.	Limettenachtel squeezen und hineingeben
▸	Shaken
4 cl	Mineralwasser
▸	Mit Trinkhalm leicht umrühren

Lychee Fizz

4 cl	Gin Gordon´s
6 cl	Lycheesaft von Rubicon
1 cl	Limettensirup Riemerschmid
2 St.	Limettenachtel squeezen und hineingeben
▸	Shaken
6 cl	Mineralwasser
▸	Mit Trinkhalm leicht umrühren

Caribbean Club

2 cl	Rum Havana Club
2 cl	Rum Myers´s
2 cl	Ananassaft
2 cl	Orangensaft
1,5 cl	Bananensirup Riemerschmid
2 St.	Limettenachtel squeezen und hineingeben
▸	Shaken
6 cl	Mineralwasser
▸	Mit Trinkhalm leicht umrühren
	Muskatnuss on top

MINERALWASSER-REZEPTE
ohne Alkohol

Lychee Punch

4 cl	Lycheesaft von Rubicon
4 cl	Orangensaft
2 cl	Maracujanektar
1,5 cl	Maracujasirup Riemerschmid
2 St.	Limettenachtel squeezen und hineingeben
▸	Shaken
6 cl	Mineralwasser
▸	Mit Trinkhalm leicht umrühren

Strawberry Booster

5 cl	Mangonektar
5 cl	Maracujanektar
1 cl	Erdbeersirup Riemerschmid
2 St.	Limettenachtel squeezen und hineingeben
▸	Shaken
6 cl	Mineralwasser
▸	Mit Trinkhalm leicht umrühren

Banana Mama

6 cl	Ananassaft
4 cl	Orangensaft
1 cl	Bananensirup Riemerschmid
1,5 cl	Cocossirup Riemerschmid
2 St.	Limettenachtel squeezen und hineingeben
▸	Shaken
4 cl	Mineralwasser
▸	Mit Trinkhalm leicht umrühren

Kinderbowle

1,0 l	Pfirsichnektar
1,0 l	Maracujanektar
1,0 l	Ananassaft
200 g	Gefrorene Himbeeren
▸	Verühren
1,0 l	Mineralwasser (spritzig) langsam hinzugeben
▸	Nochmal vorsichtig umrühren

Je nach Saison können zusätzlich frische Früchte (zum Beispiel Kiwi, Erdbeeren, Mango) hineingeschnitten werden.

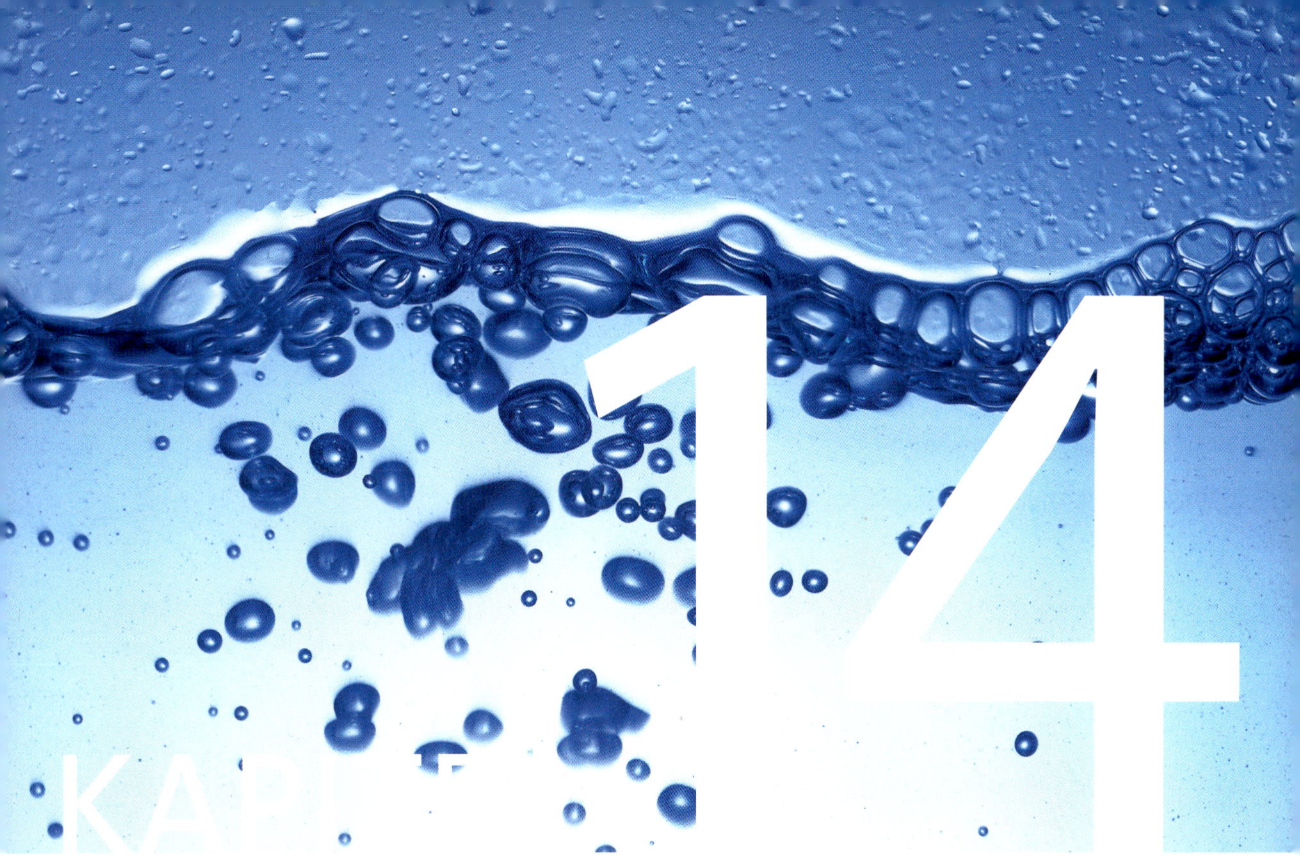

Mineralwasser – nicht nur zum Trinken!

Mir läuft das Wasser im Mund zusammen...

Wasser ist sehr vielseitig einsetzbar. Ohne Wasser läuft im Haushalt so gut wie nichts, und da braucht man nicht erst an exotische Beispiele zu denken wie das Vollbad in eiskaltem Mineralwasser, das etlichen Promis dank der Kombi-Wirkung von Kohlensäure und Kälte eine zarte, gut durchblutete und rosige Haut beschert. Im Folgenden geht es um den Einsatz von Mineralwasser an einem vertrauten Ort. Natürliches Mineralwasser ist nämlich ein bewährter Helfer im Universum Küche. Ganz nebenbei sorgt es außerdem für eine gesunde und figurfreundliche Ernährung, denn Mineralwasser entschärft viele Kalorienbomben, ohne den ursprünglichen Geschmack zu verändern.

Beginnen wir mit einem simplen Beispiel: Rühren Sie doch einfach einmal Magerquark mit kohlensäurehaltigem Mineralwasser an und Sie erhalten ein leckeres, fettreduziertes Dessert, cremig wie Sahnequark.

Fortgeschrittene Hausköche können sich auch trauen, regionales Gemüse mit Mineralwasser zu dünsten: Mit ein wenig Butter im Topf leicht andünsten, so viel Mineralwasser dazu geben, dass der Boden gerade bedeckt ist, und einige Minuten garen. Durch die Mineralstoffe des Wassers behält das Gemüse seine Struktur ohne zu verblassen, bei natürlich intensiviertem Geschmack.

Mit einem Schuss kohlensäurehaltigem Mineralwasser werden auch Semmelknödel und Pfannkuchen herrlich luftig und Waffeln extrem knusprig. Ebenso freuen sich Kartoffelbrei und Rührei über ein paar Mineralwasserspritzer.

Backprofis können auf Backpulver verzichten, wenn sie stattdessen sprudelndes Mineralwasser in den Teig einrühren. Durch die Kohlensäure entsteht ein Gärprozess, der den Teig ordentlich in die Höhe hebt.

Mit Mineralwasser lässt sich sogar Fleisch fettfrei anbraten. Einfach den Boden einer beschichteten Pfanne mit ein wenig Mineralwasser bedecken und das Fleisch darin braten. Aber Achtung: Zuviel Wasser bedeutet den Übergang vom Braten zum Kochen. Also besser je nach Bedarf dosiert soviel Wasser hinzugeben, dass das Fleisch nicht verbrennt. Fettarm zubereitetes Filet bekommt durch die Mineralstoffe eine knackig braune Farbe und einen verfeinerten Eigengeschmack.

Sollten Sie jetzt so richtig Lust auf Kochen mit Mineralwasser bekommen haben, hier zwei Einstiegsrezepte zum Ausprobieren aus der kreativen Küche von Andreas Plucinsky, von dem übrigens auch die Mineralwasser-Cocktails in Kapitel 13 stammen.

Scampi im Tempura-Teig

120 g	Speisestärke
120 g	Mehl
3 St.	Eigelb
2 Prisen	Salz
0,25 l	Mineralwasser (spritzig)

- mit Schneebesen langsam verrühren – evtl. durch ein Sieb passieren (falls Klumpen)
- dann Scampi auf einen Holzspieß stecken, in den Tempura-Teig eintauchen und anschließend in reichlich Öl goldgelb ausbacken bzw. frittieren. Hervorragend passt dazu eine süß-saure bzw. auch eine süß-scharfe asiatische Sauce.

Raffinierte Variante:

In den Tempura-Teig 2 Prisen Curry-Pulver einrühren! Ebenso harmoniert frisch gehacktes Korianderkraut, das dem Teig eine exotische Note gibt!

Vichy-Karotten

80 g	Butter
5	Schalotten (fein gewürfelt)
▸	glasig andünsten
400 g	Karotten, in dünne Scheiben geschnitten
▸	mit andünsten
▸	mit Salz und Pfeffer würzen
▸	knackig garen
20 g	Petersilie fein gehackt untermengen
▸	mit einem Schuss Weißwein ablöschen
0,2 l	Mineralwasser hinzufügen
▸	verrühren und evtl. nochmals mit Salz und Pfeffer abschmecken

KAPITEL 15

Spezielle Wässer und Spezialwässer

Etiketten sagen nur die halbe Wahrheit. Denn nur die wenigsten Menschen sind in der Lage, sie auch zu entschlüsseln!

Wenn Sie einkaufen gehen, den Fernseher einschalten, im Internet surfen oder Zeitung lesen – eigentlich überall im täglichen Leben – treffen Sie auf die Sprache der Werbung und damit auf Begriffe wie Vital-, Wellness-, Wohlfühl-, Relax-, Bio-, Entspannungs- und eine ganze Reihe ähnlich wohlklingender Attribute und Verheißungen, die uns offenbar suggerieren sollen, dass man die Lebensmittelindustrie gerade neu erfunden hat.

Doch viele dieser Produkte versprechen mehr, als sie halten können, und nicht selten ist es dem Verbraucher dabei unmöglich festzustellen, ob er ein natürliches oder ein chemisches Lebensmittel zu sich nimmt.

Auch bei Wasser entsteht gerade ein Marktsegment, das sich unser Bestreben zunutze macht, so entspannt und behaglich wie möglich durchs Leben zu gehen.

Im Bereich der Getränkeindustrie nennt man diese Neuheiten »Near-Water-Products«. Sie basieren zum überwiegenden Teil auf Wasser, wobei weder vorgeschrieben noch unbedingt ersichtlich ist, ob es sich um natürliches Mineralwasser oder lediglich Wasser mit Trinkwasserqualität und Zusatzstoffen handelt. Bestenfalls ist auf dem Etikett angegeben, was das Getränk enthält.

Aromatisiertes Wasser

Aber dann fängt der Ärger auch schon an. Da wird mit der »vitalisierenden Frische« der Limette oder dem Geschmack »von süßen Orangen« geworben. Schaut man sich so ein Getränk näher an, ist es auf den ersten Blick vielleicht tatsächlich »wasserklar« und weist keine farbliche Irritation auf – alles »natürlich« also, meint man. Dann der zweite Test. Kaum öffnet man die Flasche, strömt uns ein Duft entgegen, der nur noch vage mit dem Aroma natürlicher Früchte zu tun hat – berechtigte erste Zweifel an der Natürlichkeit kommen auf. Dann der Geschmackstest. Man kann oftmals gar nicht so schnell trinken, wie sich das ganze Bukett verflüchtigt. Das Getränk schmeckt schnell fad, bitter, mal mehr, mal weniger abgestanden – und künstlich!

Das ist sicherlich nicht überall so und einige Hersteller bemühen sich durchaus, qualitativ hochwertige Produkte in den Markt einzuführen. Aber in vielen Getränken dieser Art finden Sie nicht den Hauch einer Frucht – im besten Fall ist da mal Obst daran vorbeigefahren

worden. Die gängigste Methode, solche Produkte herzustellen, ist übrigens das Imitieren von Aromen – chemisch. Der menschliche Körper, und somit auch die Nase, ist nicht in der Lage, natürlich von »naturidentisch« zu unterscheiden, da unsere Sinnesorgane für feinste Unterschiede nicht mehr empfänglich sind – der Umweltbelastung und Reizüberflutung sei Dank.

Wem solche Getränke gefallen und gut schmecken, der kann diese ganz einfach selbst herstellen – mit dem Unterschied, dass sie dann frisch schmecken und auch wirklich natürlich sind.

Hier ein einfaches Rezept und einige ebenso einfache, aber sehr hilfreiche Tipps:

Zutaten:
1,5 l stilles Mineralwasser
2 Zitrusfrüchte Ihrer Wahl
oder
2–3 Zweige Kräuter

Das stille Wasser in eine Karaffe geben, den entsprechenden natürlichen Geschmacksstoff dazu – fertig und genießen!

Am besten funktioniert es mit Kräutern und Zitrusfrüchten, denn sie enthalten ätherische Öle. Außerdem sollte man möglichst Früchte und Kräuter aus biologischem Anbau verwenden, da diese keine chemischen Spritzsubstanzen enthalten.

Zitrusfrüchte müssen zuerst mit warmem oder heißem Wasser abgewaschen werden. Dann schält man die Früchte. Nun die Schale zerstückeln, die Frucht in Scheiben schneiden und beides ins Wasser geben. Bei Zitrusfrüchten wichtig: die weiße Haut unter der Schale wegschneiden! Sie enthält die unerwünschten Bitterstoffe. Alles etwa eine Stunde ziehen lassen und leicht gekühlt genießen. Gut eignen sich Orangen, Zitronen, Grapefruits, Mandarinen, Limetten und Kumquats, bei denen wir die italienischen empfehlen.

Wenn man Kräuter verwendet, sollte man diese zuerst kalt abwaschen und dann etwas anquetschen, damit die ätherischen Öle austreten können. Am besten lösen Sie die Blätter von den Stielen, denn die können sehr wohl Bitterstoffe enthalten. Gut eignen sich Minze, Pfefferminze, Melisse, Zitronenmelisse, Lemongras, Holunder etc. Man kann natürlich auch eine kleine Menge getrocknete Kräuter verwenden, die man in das Mineralwasser einlegt. Sie haben den gleichen Effekt, man muss jedoch mit der Dosierung Acht geben, damit der Geschmack nicht zu intensiv wird.

Für diese Art von natürlich aromatisierten Wässern eignen sich übrigens auch Blüten und Blütenblätter, wie die der Rose, ganz hervorragend. Bei gekauften Blumen und Blüten bitte unbedingt darauf achten, ob diese aus Züchtungen stammen und somit chemisch gedüngt wurden. Von deren Verwendung für obige Zwecke kann nur abgeraten werden! Geeigneter sind da oft Blumen aus dem eigenen Garten, soweit diese nicht gedüngt wurden und man zudem absolut sicher ist, dass sie nicht giftig sind!

Die Verwendung von Blumenteilen ist also eher etwas für Fortgeschrittene und es ist ratsam, sich vorher beim Fachmann detaillierte Informationen zu holen. Dennoch wollen wir hier ein paar bedenkenlose Empfehlungen geben. Beispielsweise bieten Duftgeranien ein großes Experimentierspektrum. Ihre verschiedenen Duftnoten reichen von fruchtig über minzig bis holzig-herb. Trauen Sie sich ruhig auch, Löwenzahn zu verwenden. Der Geschmack ist leicht bitter mit frischem Abgang, wobei die jungen Löwenzahnblätter weniger Bitterstoffe enthalten und reich an Mineralstoffen sind. Ab Juni blüht in unseren Breiten die gemeine Heckenrose. Falls Sie die Blüten nicht zu Likör ansetzen wollen, eignen sich diese genauso gut für ein natürlich schmeckendes Wasser.

Angereichertes Wasser

Neben den aromatisierten Wässern gibt es auch noch *angereicherte* Wässer, mit einer Extraportion Mineralstoffen oder Sauerstoff.

Diese Art von Getränken ist optimal, um eine akute Unterversorgung zu beheben. Wenn man sich sportlich betätigt hat oder lange keine optimale Versorgung mit Mineralstoffen hatte, sind die angereicherten Wässer sicherlich eine gute Lösung, denn sie schaffen schnell

und unkompliziert Abhilfe. Bedenken Sie aber, dass der Körper alle überflüssigen Zusatzstoffe ungenutzt ausscheidet. Daher ist eine Kosten-Nutzen-Rechnung vor der Verwendung durchaus empfehlenswert. Außerdem liegen noch keine wissenschaftlichen Studien vor, die eventuelle Spätfolgen ausschließen. Gehen Sie mit dem Konsum angereicherten Wassers vor allem dann dosiert um, wenn Sie einen empfindlichen Magen haben.

»Funktionelles« Wasser

Der Mensch sucht immer neue Herausforderungen und strebt nach neuen Höchstleistungen im Sport, im Beruf und in der Grauzone. Dabei stößt er nicht selten an seine Grenzen. Doch Extreme lassen sich verschieben, durch Koffein zum Beispiel. Also warum nicht auch ein Mineralwasser auf den Markt bringen, das Koffein enthält und Leistungs- und Erfolgssteigerung verspricht? Zielgruppe: die jungen Wilden. Mit das erste Wasser, das es geschafft hat im modernen Flaschendesign eine breite, überwiegend junge Konsumentenschicht zu begeistern, heißt »water joe«, ein natürliches stilles Mineralwasser mit dem Koffeingehalt einer Tasse Kaffee. Als Party-Getränk sicherlich eine gute Alternative zu Alkopops, als Geheimwaffe gegen Müdigkeit allerdings hoffnungslos überfordert.

Wasser zum Abnehmen?

Manchen Wässern eilt ein bemerkenswerter Ruf voraus. So wird zum Beispiel dem französischen Contrex nachgesagt, dass es das optimale Wasser zum Abnehmen sei. Heute nennt man dieses Mineralwasser aus den Vogesen auch »Pionier der Schlankheit«. Dieses Wasser spricht ganz klar die weiblichen Interessen an. Ein ordentliches Glas auf den hungrigen Magen und das Hungergefühl schwindet dahin.

Na ja, ganz so einfach ist es sicher nicht, aber etwas Wahres ist doch dran. Wenn Sie zu denen gehören, die das Wasser schon mal probiert haben, dann wissen Sie auch, wie ausgeprägt sein Geschmack ist, und dass man bei jedem Schluck glaubt, bergeweise Mineralstoffe mitzuschlucken. Dass es manchem nicht leicht fällt, dieses Wasser zu trinken, liegt ganz einfach daran, dass ein Liter Contrex über 2000 mg gelöste Mineralstoffe enthält. Dieser Umstand zieht bei vielen aber auch ein Sättigungsgefühl nach sich, das erwiesenermaßen bewirken kann, dass man weniger isst und somit auch Gewicht reduziert. Doch leider ist es auch hier wie bei fast allem im Leben: Beim einen wirkt's und beim anderen eben nicht.

Übrigens empfiehlt das Schweizer Menopauseninstitut zur Vorbeugung von Osteoporose in den Wechseljahren eine tägliche Calciumzufuhr von mindestens 1,5 Gramm. Diese Menge kann auch über Getränke zugeführt werden. Zu den Empfehlungen des Instituts gehört neben dem calciumreichsten Mineralwasser, dem Adelbodner aus den Schweizer Alpen, auch das Contrex.

Wasser mit Heilwirkung

Ein weiterer Vertreter aus Frankreich ist in der Küche der deutschen und internationalen Gastronomie bekannter als im regulären Handel: Vichy-Célestins aus dem gleichnamigen Heilbad in der Auvergne, ein Wasser, das wegen seiner Zusammensetzung an Salzen bei Köchen äußerst beliebt ist. Vichy ist bekannt für die so genannten Vichy-Karotten – ein wirklich salziges Vergnügen. Ursprünglich wurden diese Karotten tatsächlich in Mineralwasser aus Vichy zubereitet. Heute hat man manchmal den Eindruck, dass der Koch die Möhren beim Zubereiten versalzen hat und sie dann einfach gewinnbringend als »Vichy-Karotten« an den Gast bringt.

Vichy-Wasser wird auch als Heilwasser gehandelt, was seine Verwendung in der Diätküche erklärt. Es wird bei Magen- und Darmerkrankungen sowie allen Ernährungskrankheiten eingesetzt. So gibt es von manchen Köchen etwa ganze »Vichy-Menüs«, bei denen die Inhaltsstoffe des Wassers auf die verwendeten Produkte übergehen sollen – wobei das Wasser nicht ganz billig und gerade beim Kochen die benötigte Menge nicht unerheblich ist.

Eine bekannte deutsche Mineralwasser-Firma steht in enger Kooperation mit der Sommelier-Union Deutschland: Staatlich Fachingen hat nach verschiedenen Analysen festgestellt, dass ihr Mineralwasser trotz Heilwasserqualität uneingeschränkt konsumiert werden kann, also alltagswassertauglich ist, und außerdem eine Wohltat für jeden Weißweintrinker, da es durch die optimale Zusammensetzung von Mineralstoffen in der Lage ist, die oft aggressive Säure des Weißweins zu binden und für den Körper unschädlich zu machen.

Für manch einen empfiehlt es sich also, zum Weingenuss dieses Wasser aus dem Lahntal zu konsumieren. Der Vollständigkeit halber sei erwähnt, dass dieses Mineralwasser durch seine hohe Konzentration an gelösten Mineralstoffen einen deutlichen Eigengeschmack hat, der nicht jedermanns Gefallen findet.

Die »Königin«

Ein weiterer deutscher Vertreter wirbt mit dem Slogan *The Queen of Table Waters: Apollinaris*. Namensgeber ist übrigens der heilige Apollinaris, der Schutzheilige des Weines und der Stadtpatron von Düsseldorf. Der Ahrweiler Winzer Georg Kreuzberg wollte 1852 wissen, warum die Rebstöcke auf seinem frisch ersteigerten Grund nicht gedeihen wollten. Eine Bodenuntersuchung ergab erhöhte Kohlendioxydwerte. Und als Georg Kreuzberg in seinem Weinberg weiterbuddelte, stieß er auf eine Wasserquelle. Ihren Namen verdankt die Quelle der Statue des heiligen Apollinaris, die schützend am Fuße des Weinbergs stand.

Wenn Sie jetzt zugrunde legen, dass »Table Water« nichts anderes als »Tafelwasser« heißt, und sich erinnern, was Sie bisher über Mineralwasser gelernt haben, dann könnten Sie zu der Schlussfolgerung gelangen, dass es sich bei Apollinaris um »minderwertiges« Wasser handelt. In diesem Falle trifft das aber keinesfalls zu. Denn hier ist nicht die Güteklasse gemeint, sondern die Weiterführung eines Werbeslogans, der in der Firmenhistorie weit zurück verfolgbar ist. Apollinaris ist selbstverständlich eines der bekanntesten natürlichen Mineralwässer, weil es häufig in der Gastronomie verwendet wird. Übrigens haben bereits die Römer Wasser aus der Eifel mittels Amphoren in ihr ganzes Reich versendet, nachdem man erkannt hatte, dass es sich um ein besonders reines Wasser handelt.

Leichtes Wasser

Das leichteste Wasser Europas kommt aus Italien und heißt Lauretana. Diesen Beinamen hat es erhalten, weil es nur eine sehr geringe Menge an gelösten Mineralstoffen enthält. Mit einem Mineralstoffgehalt von gerade mal 14 Milligramm pro Liter ist es das weichste und leichteste natürliche Wasser unseres Kontinents. Die Abfüllung der Flaschen erfolgt frei fließend, unbehandelt, ungefiltert und ohne Druck, um die hervorragende Struktur des Quellwassers nicht zu beeinträchtigen. Es ist ein wertvolles, natürliches Mineralwasser, und der Beiname bezieht sich übrigens nicht nur auf die Mineralstoffe, sondern auch auf das tatsächliche Gewicht. Denn ein Liter dieses Wasser wiegt weniger als das Wasser vergleichbarer Abfüller, auch wenn sich der Unterschied nur im Milligrammbereich bewegt.

Dadurch ist Lauretana auf jeden Fall ein exzellenter Begleiter für Speisen sowie optimal geeignet für die

Zubereitung von Babynahrung. Noch ein Hinweis für ganzheitlich orientierte Leser: Dieses Wasser ist rechtsdrehend.

Gletscherwasser

Ein anderes außergewöhnliches Wasser ist das norwegische Voss. Eigentlich ist es vom Gletscher abgeschmolzenes Wasser, das dadurch seine Reinheit erhält. Aber auch hier ist natürlich eine unterirdische Quelle der Ursprung des Wassers, auch wenn *artesian water from norway* den Eindruck erwecken kann, dass es sich um »künstliches« Wasser (*art*esian), also Tafelwasser handeln könnte, was natürlich falsch ist. Manchen mag vielleicht auch die fehlende Analyse auf dem Etikett irritieren, doch Voss enthält so wenig Mineralstoffe, dass man hier vom Aufdruck abgesehen hat (für die Statistiker: Die Daten werden im Internet veröffentlicht).

Empfehlenswert ist Voss auf alle Fälle als Speisenbegleiter, da es wenig Eigendynamik entwickelt. Ein weiterer Mehrwert liegt im Design der Flasche. Sie eignet sich bestens, um Spaghetti darin aufzubewahren.

»Lebendiges« Wasser

Wirklich ausgefallen ist das Tiefenwasser, das im bayerischen Stephanskirchen / Bad Leonhardspfunzen abgefüllt wird. Die St. Leonhards Quelle GmbH & Co. KG umfasst gleich vier Einzelquellen. Die St. Leonhard Quelle, die Mondquelle – Aqua Luna –, die Sonnenquelle und die Lichtquelle. Man wirbt damit, dass alle vier Wässer »lebendig« sind und somit einen wichtigen Beitrag leisten zur Versorgung von Körper und Geist mit gesundheitsfördernden Energien. Ganz im Gegensatz zum oftmals »toten« Leitungswasser.

Das Geheimnis der Quellen soll darin liegen, dass das Wasser auf seinem Weg in die tiefen Regionen der Erde positive Schwingungen und Informationen aufgenommen hat. Mit dieser Energie versorgt überwindet es aus eigener Kraft die Schwerkraft und sprudelt artesisch, also ohne künstliche Pumpen, an die Oberfläche.

»Lebendiges« Mineralwasser ist ein Wasser für Fortgeschrittene und ganzheitlich denkende Menschen, denen eine gesündere Lebensführung wichtig ist.

Wasser aus dem Paradies

Die Südsee im Allgemeinen und die Fidschi-Inseln im Besonderen stehen für absolute Reinheit und »unbefleckte Wasserempfängnis« in paradiesischen Gefilden – zumindest für die bekennenden Fans des FIJI Water, zu denen auch prominente Endverbraucher wie Tom Cruise und Ozzy Osbourne zählen.

Was ist nun so spektakulär an diesem Mineralwasser? Diese Frage beantwortet ein Blick auf die enthaltenen Mineralstoffe. FIJI Water enthält mit 85 Milligramm Kieselsäure (Silizium-Dioxid) pro Liter die höchste Konzentration dieses Stoffes von allen Wässern weltweit. Der Mensch benötigt davon 20–30 Milligramm täglich. Kieselsäure gilt als größter Energie spendender Nährstoff und hat eine Reihe gesundheitsfördernder Eigenschaften, vor allem dort, wo Festigkeit (Knochen, Knorpel, Haare) und Elastizität (Haut, Organe) gefragt sind. Außerdem verbessert sie die Wundheilung und soll Alzheimer vorbeugen.

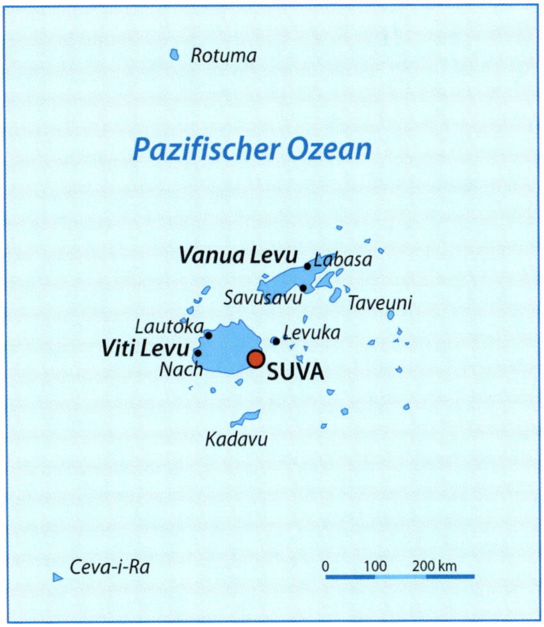

Viti Levu – Heimat des FIJI Water

KAPITEL 16

FAQ – Fragen und Antworten

Wie lange ist Mineralwasser haltbar?

Laut den geltenden Lebensmittelgesetzen muss jedes Nahrungs- und Nahrungsergänzungsmittel ein Verfallsdatum oder ein Mindesthaltbarkeitsdatum aufweisen. Mineralwasser macht da keine Ausnahme. Üblicherweise wird Mineralwasser mit einer Mindesthaltbarkeit von zwei Jahren angeboten. So lange muss der Hersteller bzw. Abfüller für sein Produkt garantieren. Doch ist Wasser im Normalfall weit über das Mindesthaltbarkeitsdatum hinaus trinkbar.

Glas oder PET – was macht den Unterschied?

Beides hat Vor- und Nachteile. Die Glasflasche hat ein paar gewichtige Argumente auf ihrer Seite. Sie ist zwar schwerer, doch als Leihflasche wird sie bis zu 50 Mal wiederbefüllt und ist daher ökologisch unbestritten wertvoll. Der wichtigste Pluspunkt: Für ein sensibles und geschmacksempfindliches Lebensmittel wie Mineralwasser bietet Glas die besten Voraussetzungen, weil es sich absolut geschmacksneutral verhält.

Die PET ist zwar wirklich praktisch, weil sie nicht zerbrechen kann und superleicht ist, aber Wissenschaftler sind sich mittlerweile einig, dass sie sich geschmacksgebend auf das Wasser auswirken kann. Ob oder nicht hängt u. a. von der Qualität des Plastiks und der Lagertemperatur ab. Unklar ist, ob diese Beeinträchtigung auch gesundheitliche Auswirkungen hat. Als Mehrwegflasche ist sie etwa 20 Mal wieder befüllbar.

Warum Mineralwasser, wenn man billigeres Leitungswasser genauso gut trinken kann?

Die Qualität des deutschen Leitungswassers ist in der Tat ausgezeichnet. Aber: Weil Leitungswasser die Gesundheit nicht schädigen darf, ist es technisch und chemisch aufbereitet, und dazu sind über 50 chemische Stoffe erlaubt. Hingegen ist Mineralwasser nicht chemisch behandelt, ernährungsphysiologisch wirksam und dank natürlicher Mineralstoffe und Spurenelemente gesundheitsfördernd. Die ursprüngliche Reinheit des Mineralwassers ist gesetzliche Vorschrift, es findet eine ständige mikrobiologische Kontrolle statt. Leitungswasser wird zwar auch mikrobiologisch kontrolliert, jedoch nur alle 15 bis 30 Millionen Liter.

Eine eventuelle Schadstoffbelastung mit Blei und Kupfer durch alte Bleirohre oder neue Kupferrohre im

Hausleitungsnetz ist ebenfalls nicht gänzlich auszuschließen. Mineralwasser hingegen hat garantiert keine Umweltbelastungen und höchste Qualität, die vom Hersteller auch gewährleistet wird.

Bis zu welchen Analysewerten ist ein Mineralwasser geeignet für Babynahrung?

Mineralwasser für Säuglinge, Babys und Kleinkinder sollte stets ohne oder nur mit äußerst wenig Kohlensäure sein.

Folgende Analysegrenzwerte sind zu beachten:

Natrium:	20 mg/l
Sulfat:	240 mg/l
Nitrat:	10 mg/l
Nitrit:	0,02 mg/l
Mangan:	0,05 mg/l
Fluorid:	0,7 mg/l
Arsen:	0,005 mg/l

Wird die Qualität von Mineralwasser durch Kohlensäure beeinflusst?

Kohlensäure wirkt desinfizierend gegen Keime und verlängert somit die Haltbarkeit von Wasser. Auch in stillem Wasser ist von Natur aus ein wenig Kohlensäure enthalten. Die Qualität wird durch Kohlensäure nicht beeinflusst, lediglich die Haltbarkeit.

Was bewirkt mit Sauerstoff angereichertes Wasser?

Der Sauerstoff kann zwar im Darm aufgenommen werden, doch in die Lunge gelangt er nicht. Wissenschaftlich ist nicht belegt, ob Sauerstoff im Wasser überhaupt eine Wirkung auf den Körper hat.

»Wasser… es ist nicht so, dass man dich zum Leben braucht: Du selbst bist das Leben.«

Antoine de Saint-Exupéry

Wie soll man Mineralwasser lagern?

Wasser sollte eher dunkel und ohne Sonneneinstrahlung lagern und am besten kühl stehen. Denn jedes noch so reine Wasser enthält eine natürliche und völlig ungefährliche Keimflora. Diese Keime können sich natürlich bei Wärme wesentlich besser vermehren. In Deutschland ist es jedoch nahezu auszuschließen, dass gesundheitsgefährdende Keimkonzentrationen entstehen können.

Wenn man Wasser der Sonneneinstrahlung aussetzt, kann es passieren, dass einzelne Mineralstoffe eine chemische Reaktion eingehen. Das ist daran erkennbar, dass das Wasser Schlieren bildet und sich geschmacklich negativ verändert.

Kann man Heilwasser auch täglich trinken?

Heilwasser unterliegt dem Arzneimittelgesetz, ist also streng genommen ein Medikament, das nicht unkontrolliert in großen Mengen konsumiert werden sollte. Den Wässern werden nicht nur heilende Wirkungen nachgesagt, diese müssen auch wissenschaftlich belegt sein. Nebenwirkungen oder Wechselwirkungen mit Medikamenten können auftreten, sind aber eher unwahrscheinlich. In der Regel ist dieses Wasser durchaus für den häufigen Verzehr geeignet, doch sollte man es nicht übertreiben, denn eine Überversorgung an Mineralstoffen ist nicht unbedingt gut für unseren Körper. Aber täglich ein bis zwei Gläser Heilwässer können eine hervorragende Ernährungsergänzung darstellen.

Warum braucht ein Sportler mehr Wasser?

Wer Sport treibt, schwitzt, und verliert somit Körperflüssigkeit und Mineralstoffe. Daher ist es für Sportler ratsam, wesentlich mehr Wasser zu trinken, das zudem ruhig einen hohen Mineralstoffanteil haben darf. Nur wer seinem Körper entsprechende Energiequellen und Mineralstoffe anbietet, wird einen positiven Effekt der körperlichen Fitness nach dem Sport verspüren. Sonst entsteht ein Gefühl der Schlappheit und des Unwohlseins. Der Körper ist dann nicht bereit, Leistung abzurufen. Empfehlenswert sind auch Fruchtsaftschorlen, weil diese neben den Mineralstoffen auch Kohlenhydrate enthalten und die Energieproduktion im Körper wieder ankurbeln.

Wie trinke ich mein Wasser richtig?

Am besten schmeckt Mineralwasser leicht gekühlt bei 10°–12° C, denn dann erfrischt es uns optimal. Wasser aus dem Kühlschrank ist meistens zu kalt und kann dazu führen, dass sich unser Magen zusammenzieht und wir uns unwohl fühlen. Ist Wasser zu warm, schmeckt es oft fad und salzig, manchmal auch säuerlich oder bitter. Mit Kohlensäure kann warmes Wasser eine echte Strafe sein, denn dann will es einfach nicht die Kehle runter und brennt den ganzen Weg hinab in den Magen.

Eiswürfel sollte man nur dann einsetzen, wenn man wirklich nicht darauf verzichten will. Dann sollten die Eiswürfel aber aus dem gleichen Wasser sein, wie das, das man trinken will. Das geschmolzene Eis könnte sonst den angenehmen Geschmack Ihres Mineralwassers verwässern.

Auch die Zitrone kommt nicht ins Glas, denn deren ätherische Öle wirken sich nicht wirklich positiv auf den reinen und feinen Geschmack des Wassers aus.

Beeinflusst die Form des Glases den Geschmack?

Da im Wasser kein Aroma enthalten ist, kann auch die unterschiedliche Menge an Sauerstoff, die durch die Glasform reguliert wird, keinen Einfluss auf den Geschmack nehmen – anders als beim Wein. Der Geschmack wird einzig und allein von den Mineralstoffen bestimmt, die durch die Geschmacksknospen von Zunge und Gaumen aufgenommen werden. Stilechte Wasser-Gourmets werden dennoch auf ein dünnwandiges mittelgroßes Glas bestehen. Das Auge trinkt auch hier mit.

Muss frau in der Stillzeit wesentlich mehr Wasser trinken?

Man ist da unterschiedlicher Meinung, doch die meisten Ärzte und »Stillberaterinnen« sind sich weitgehend einig, dass in dieser Zeit nicht mehr als 4 Liter am Tag getrunken werden sollten. Auch hier gilt: Viel hilft nicht unbedingt viel. Wer 1 bis 1 ½ Liter mehr trinkt als sonst, hat genau die Menge, die für die Milchproduktion nötig ist.

Hat Wasser ein Gedächtnis?

Wer sich esoterisch oder homöopathisch mit Wasser beschäftigt, wird die nicht wissenschaftliche Seite von Wasser entdecken. In Japan werden Fotos von positiven und negativen Wasserkristallen gemacht, einige sind von Vollmondabfüllungen überzeugt, wieder andere glauben an die Programmierfähigkeit von Wasser.

Es ist als wahrscheinlich einzustufen, dass Wasser Informationen speichern und an seinen Konsumenten weitergeben kann.

Muss ich mit Wasser sparsam umgehen?

Deutschland ist ein wasserreiches Land. Gut 75 Prozent der jährlichen Wasservorräte bleiben ungenutzt. Deutschland hat unter den Industrienationen auch den vorbildlich niedrigsten Wasserverbrauch pro Kopf (ca. 130 Liter). Dennoch sollte man Wasser nicht unnötig verschwenden. Vor allem nicht angesichts der Tatsache, dass weltweit Millionen von Kindern und Erwachsenen gänzlich ohne sauberes Trinkwasser auskommen müssen.

Kann Wasser bei Niedergeschlagenheit helfen?

Es gibt zwar auch hier noch keinen wissenschaftlichen Beleg, aber ausreichend Erfahrungen von Ärzten, die dieses Phänomen nutzen. Man kann beobachten, dass bei Menschen, die vergessen, ausreichend Flüssigkeit zu sich zu nehmen, ein depressionsähnlicher Zustand entsteht, weil die Versorgung der Organe eingeschränkt wird. Durch die Zufuhr von genügend Flüssigkeit ändert sich dieser Zustand und das Wohlbefinden steigt wieder. Das wirkt nicht nur bei älteren Menschen, die sich manchmal weigern zu trinken, sondern auch bei hart arbeitenden Menschen, die das Trinken einfach vergessen.

Auch bei Kindern ist schnell ein Zustand erreicht, in dem sie mit Flüssigkeit unterversorgt sind und dann lustlos und schlapp wirken. Manchmal sind sie dann auch appetitlos und verweigern die Nahrungsaufnahme. Achten Sie daher darauf, dass Sie und Ihre Familie stets ausreichend trinken.

Macht Mineralwasser schön?

Mineralwasser kann ein wahres Schönheitselixier sein. Wenn Sie ausreichend Wasser trinken, so wie hier im Buch beschrieben, füllen Sie Ihre Flüssigkeitsspeicher optimal auf und Ihre Haut bleibt schön straff und länger glatt. Bei äußerlicher Anwendung belebt und erfrischt es die Haut, weil es die kleinen Blutgefäße anregt. Wie es geht? Eiskaltes kohlensäurehaltiges Mineralwasser auf einige Wattebäusche geben und auf Gesicht, Hals und Dekolleté legen. Ihre Haut sieht nach wenigen Minuten frisch und rosig aus.

Was ist Züriwasser?

Da die Schweizer Metropole Zürich kein international bekanntes Logo hatte, kamen Stadt-Werber auf die Idee, ihr Leitungswasser dafür herzunehmen. Weil es so sauber und gesund sein soll. So wie Zürich eben. In schicke Aluminiumflaschen abgefüllt und auf den Namen »Züriwasser« getauft, fertig war das neue Stadtsymbol. Kostet leider mit zwei Franken viel zu viel.

KAPITEL 17

Stichworte rund ums Mineralwasser

Ein Wort zum Schluss

Gratuliere! Nach der Lektüre dieses Buches haben Sie jetzt fast schon ein Vordiplom in Mineralwasserkunde. Sollten Sie darauf sitzen bleiben? Mineralwasser genießen und schweigen? Aber nein. Werden Sie »missionarisch« tätig! Werben Sie für Wasser! Es gibt genug Freunde und Bekannte, die noch bekehrt oder zumindest aufgeklärt werden müssen.

Unser Trend, der »Wasser-Hype«, steckt quasi noch in den Kinderschuhen. Jeder trinkt Wasser, und das auch sehr viel, trotzdem dümpelt es meist noch als Nischenhocker vor sich hin. Immer noch ist es nichts, dem man besondere Beachtung schenkt, obwohl man sollte. Oder haben Sie Ihrem Gastgeber schon mal auf die Wasserflasche geschaut und zum Ausdruck gebracht, dass Sie das eher nicht trinken werden, oder dass das Wasser aus der verwendeten PET-Flasche einen deutlichen Geruchsfehler hat und außerdem nach Plastik schmeckt? Und Sie deshalb gerne aus einer neuen Flasche trinken möchten? Ich glaube nicht.

Aber genau diesen Punkt gilt es zu erreichen: dass natürliches Mineralwasser den gesellschaftlichen Stellenwert erlangt, den es verdient, und in dem Bewusstsein konsumiert wird, ein ebenso wertvolles und stilechtes Produkt zu sein wie etwa Wein oder Champagner.

Übrigens: Auch Knigge hat den Trend schon früh erkannt und erlaubt ausdrücklich das Zuprosten mit Mineralwasser, und das sogar in ausgelassener Stimmung.

Keine Frage, wir müssen noch einiges tun. Aber die Fans von Mineralwasser werden täglich mehr. Und vielleicht, wer weiß, begrüßen wir 2020 das neue Jahr mit einer rauschenden Mineralwasser-Party.

Bis dahin wünschen wir Ihnen vor allem eines: ein mineralwasserreiches Leben und viel Freude mit dem Urstoff aus den Tiefen unserer Erde.

Quellen und Hinweise

Wir bedanken uns bei den vielen Mineralwasserfirmen, die uns für dieses Buch Fotomaterial und Informationen zur Verfügung gestellt haben. Ganz herzlich bedanken wir uns auch beim Verband Deutscher Mineralbrunnen e.V. in Bonn für seine Unterstützung.

Für die Grafik auf Seite 29 bedanken wir uns bei Herrn Holger Daniel, Dozent an der Deutschen Wein- und Sommelierschule in Koblenz.

Das Foto der »Perlenflasche« auf Seite 183 wurde uns freundlicherweise von der Genossenschaft Deutscher Brunnen eG, Kennedyallee 36, 53175 Bonn , zur Verfügung gestellt.

Anmerkung zu Kapitel 13:
Alle Cocktails sind Eigenkreationen von Andreas Plucinsky, seit 1995 Mitglied der Deutschen Barkeeper-Union. Seine Laufbahn begann mit der Ausbildung zum Koch im Münchner Sterne-Restaurant »Le Gourmet« bei Otto Koch. Danach wechselte er in den Beruf des Barkeepers und absolvierte eine Ausbildung in der legendären »Harry's New York Bar« in München. Nach Stationen in Frankreich und Wien wurde er Barchef in verschiedenen Szene-Bars in München, Hamburg und Köln. Seit 1998 ist Andreas Plucinsky mit seiner Firma »Plucinsky's Premium Drinks« selbständig und betreibt mit seinem Bruder das »Restaurant & Cocktailbar Point Gourmet« in Waldkraiburg.

Alle Cocktail-Fotos für Kapitel 13 wurden von Christian Kargl, St.-Paul-Str. 2, 80336 München, fotografiert. Von Herrn Kargl stammen auch die Abbildungen auf den Seiten 27, 93, 102, 104 (Mitte), 111, 114, 150, 159 und168 (Mitte).

Von den vielen Quellen über Mineralwässer, die für unsere Arbeit hilfreich waren, möchten wir besonders folgende erwähnen:

www.heilwasser.com
www.mineralwaters.org
www.mineralwasser.com
www.vitaminwelten.com
www.gdb.de
Öko-Test 6/2005

Als Quellen für Kapitel 2 dienten uns in erster Linie:

Frank Winkelmann: Die schwarzen Führer, 1997
Gustav Gugitz: Österreichs Gnadenstätten in Kult und Brauch, Wien 1956
Hermann Hartmann: Sagen aus dem Berner Oberland
Sergius Golowin: Hausbuch der Schweizer Sagen
Gebrüder Grimm: Märchen